JN183780

ニンファ　その他のイメージ論

ジョルジョ・アガンベン

高桑和巳 編訳

Ninfe e altri scritti sull'immagine
Giorgio Agamben

慶應義塾大学出版会

ビル・ヴィオラ『あいさつ』（1995 年）
［本文 6 頁］

ドメニコ・ギルランダイオ『洗礼者ヨハネの誕生』（1485 年）（部分）
［本文 12 頁］

ヘンリー・ダーガー『非現実の王国で』挿絵（20 世紀半ば）（部分）
［本文 16 頁］

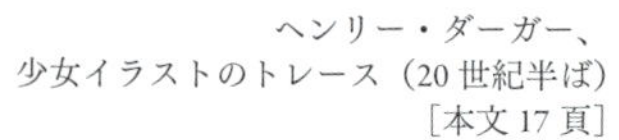

ヘンリー・ダーガー、
少女イラストのトレース（20 世紀半ば）
［本文 17 頁］

エルヴェ・ディアスナス
『ドナバ、あるいは最初の沈黙』（1987 年）
［本文 92 頁］

ルッジェーロ・サヴィーニオ
『黄金時代』（1977 年）
［本文 117 頁］

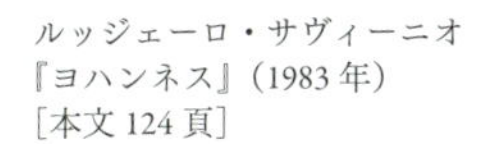

ルッジェーロ・サヴィーニオ
『ヨハンネス』（1983 年）
［本文 124 頁］

ルッジェーロ・サヴィーニオ
『ムーサ』（1984 年）
［本文 136 頁］

ジャンニ・デッシ『天使』（1983 年）
［本文 148 頁］

ジュゼッペ・ガッロ、無題（1986 年）
［本文 154 頁］

ジョゼッタ・フィオローニ
『眠れる森の美女』（1969 年）
［本文 158 頁］

ティティーナ・マゼッリ『サッカー選手』（1966 年）
［本文 168 頁］

サイ・トゥオンブリ、無題（1984 年）
［本文 172 頁］

ピエール・クロソウスキー
『平行棒 II』（1976 年）
［本文 175 頁］

ピエロ・グッチョーネ『真昼の光』（2013 年）
［本文 182 頁］

ピエロ・グッチョーネ
『ミケランジェロの『審判』から』（1999 年）
［本文 184 頁］

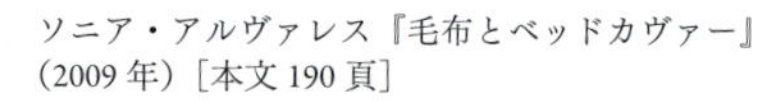

ソニア・アルヴァレス『毛布とベッドカヴァー』
（2009 年）［本文 190 頁］

ソニア・アルヴァレス
『オープン・ベッド』(1987 年)
[本文 191 頁]

モニカ・フェッランド
『「蜜のように甘い食事……」』
(2010 年)
[本文 197 頁]

モニカ・フェッランド
『三幅対 I　室内(アリカへのオマージュ)』(2011 年)
[本文 198 頁]

ディーター・コップ『中国の碗』（2004 年）
［本文 205 頁］

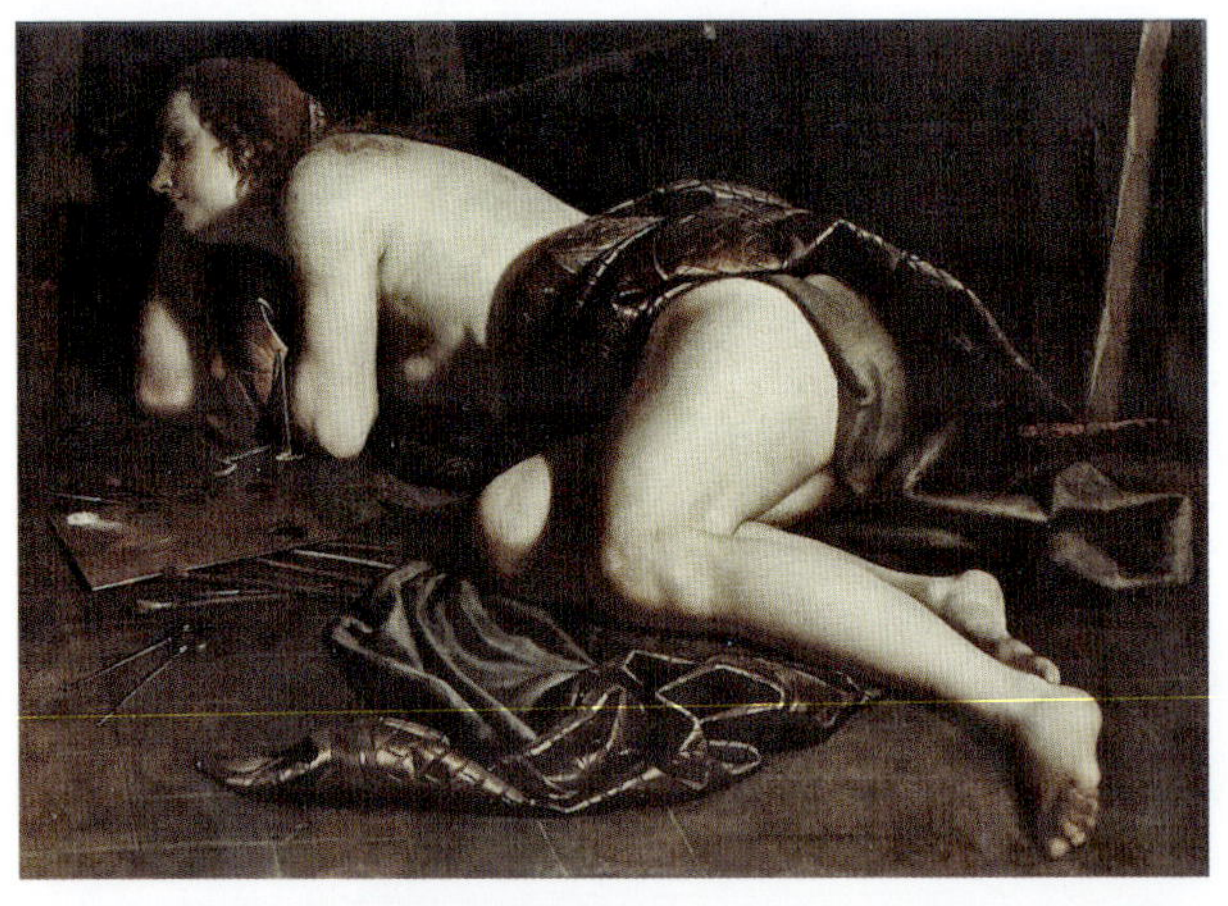

ナーポリの無名画家『絵画の寓意』（1630–1640 年）
［本文 209 頁］

ニンファ　その他のイメージ論

目次

凡例

・本書はジョルジョ・アガンベンのイメージ論、絵画論を独自に集成したものである。個々のテクストについては「アガンベンとイメージ　編訳者あとがきに代えて」を参照。
・強調によるイタリックは傍点を付して指示する、ギィメやダブル・クオーテイションは「　」に、原著者による介入は［　］に、訳者によるものは〔　〕にするなど、約物の使用は慣例にしたがっている。
・原語指示（ドイツ語、ラテン語など）については、原著者による訳語が付されているか否かを問わず、原則として「原語（訳語）」ないし「訳語（原語）」のように示している。
・本書では、文献指示は基本的に註でおこなう。原著者によって指示のない文献についても可能なかぎり指示している。指示する文献は、可能なかぎり元の言語のものを、ふさわしいと思われる版（定評のある、新しい、入手しやすいなど）によって指示する。訳出自体も元の言語からおこなう。文献に日本語訳が存在するばあいは参照箇所を指示するが、文言は必ずしも尊重していない。
・註は原註・訳註ともに側註として示している。「＊」の付されているものは訳註である。

I　ニンファ

ニンファ（二〇〇四年）

それらはみな、たしかに女性だが、おしっこをしない
(Egli è così vero che tutte son femine, ma non pisciano)
ジョヴァンニ・ボッカッチョ

1

二〇〇三年の初頭、ロサンジェルスのゲッティ美術館では「情念（パッションズ）」と題されたビル・ヴィオラのヴィデオ・アート展を見ることができた。ヴィオラはゲッティ研究所での研究滞在中に情念の表現（感情表現）というテーマについて研究を進めた。十七世紀にシャルル・ル・ブランによってコード化され、次いで十九世紀にギヨーム・デュシェンヌ・ド・ブーローニュとチャールズ・ダーウィンによって実験科学にもとづいてあらためて取りあげられたあのテーマである。[*1] この研究滞在の結果が、展覧会で展示

されていたヴィデオ作品である。はじめ、スクリーンに現れているイメージは不動に見えるが、数秒後、ほとんど知覚できないしかたで動きはじめるのだった。そこで観者は、イメージはつねに動いていたということ、イメージが不動に見えていたのは一瞬が引き延ばされて極端に遅くされているからだということに気づくのだった。それらのイメージはなじみがあるとともによそよそしい感じを惹き起こすが、その印象もここから説明がつく。つまりそれはまるで、昔の巨匠たちの絵が展示されている美術館に入ったところ、それらの絵が奇蹟的に動きはじめたというかのようだった。

　ここに至って、美術史にいささかなりとなじみがある観者は、『出現』に登場する疲れはてた三人の人物像のなかにマゾリーノの『ピエタ』を、『驚く者の五重奏』のなかにヒエロニムス・ボスの『嘲弄されるキリスト』を、『悲しみの母（ドロローサ）』のなかにディルク・バウツに帰されているロンドンの国立美術館所蔵の対幅画（ディプティク）を見て取るのだった。しかし、そのつど決定的に重要なのは、それらの絵が近現代の装いのなかに転置されているということよりも、その図像誌上のテーマに運動が与えられているということのほうだった。観者の疑い深い目のもとで、「想像上の美術館（musée imaginaire）」が「映画的な美術館（musée cinématographique）」になるのだった。*2

　これらのヴィデオ作品の提示する出来事には二十分ほど持続するものもあるため、私たちは、もはや私たちになじみのなくなった注意を払うことを要求される。ヴァルター・ベンヤミンは、芸術作品の複製は注意散漫な観者で満足するということを示したが、*3ヴィオラのヴィデオ作品はその反対に、観者に対してただならぬ長さの待機——および注意——を強いる。部屋に入ったのが最後のほうであったならば、観者は——子どものころに映画館でそうだったように——ヴィデオをまた最初から見るよう強いられていると感じることになる。このようにして、図像誌上の不動のテーマは歴史へと変容する。そのことが模範的なしかたで現れているのが、一九九五年のヴェネツィア・ビエンナーレで展示されたヴィデオ『あいさつ』である。そこで観者が見ることのできたものは女性たちの人物像であるが、これはポントルモの『マリアのエリザベト訪問』が提示してくれている互いに絡みあった人物像である。人物像は互いにゆっくりと近づいて、ついにはカルミニャーノにあるあの絵に見られる図像誌的テーマを構成するに至る。

　ここに至って観者が驚きつつ気づくのは、不動と見なすことになじんでいたイメージが動きを与えられているということだけが自分の注意を奪っているわけではないということである。問題となっているのはむしろ、イメージ自体の本性に関わる変容である。ついに図像誌上のテーマが再構成されてイメー

---

*1　以下を参照。Charles Le Brun, *Conférence de Monsieur Le Brun sur l'expression générale & particulière* (Paris: Bernard Picart, 1698).〔「感情表現に関する講演」アカデミー古文献研究会訳、『西洋美術研究』第二号（三元社、一九九九年）一四六—一五六頁〕Guillaume Duchenne de Boulogne, *Mécanisme de la physionomie humaine* (Paris: Jules Renouard, 1862); Charles Darwin, *The Works of Charles Darwin*, 23 (*The Expression of the Emotions in Man and Animals* [1872]), ed. Paul H. Barrett *et al.* (London: Pickering & Chatto, 1989).〔『人及び動物の表情について』浜中浜太郎訳（岩波書店、一九三一年）〕

*2　前者は以下を暗示している。André Malraux, *Le musée imaginaire* (Genève: Albert Skira, 1947 [Paris: Gallimard, 1965]).〔『空想の美術館』小松清訳（新潮社、一九五七年）〕

*3　以下を参照。Walter Benjamin, "Das Kunstwerk im Zeitaler seiner technischen Reproduzierbarkeit [Zweite Fassung]," in *Gesammelte Schriften*, 7-1, ed. Rolf Tiedemann *et al.* (Frankfurt am Main: Suhrkamp, 1989), p. 381.〔「複製技術時代の芸術作品」久保哲司訳、『ベンヤミン・コレクション』第一巻（筑摩書房、一九九五年）六二六頁〕

図1　ビル・ヴィオラ『あいさつ』(1995年)［口絵］

ジが停止するように思われるとき、実際にはイメージはほとんどはちきれんほどに時間の負荷を帯びた。このカイロス論的な飽和状態はイメージに対して一種の震えを刻印する。この一種の震えが、イメージのもつ個別のアウラを構成する。各瞬間、各イメージは、自らの将来の展開を潜在的に先取りしており、先行する自らの身振りをおぼえている。ヴィオラのヴィデオ作品に特有の力量を一つの定式で定義づけなければならないとすれば、次のように言うことができるかもしれない。すなわち、ヴィオラのヴィデオ作品はイメージを時間のなかに挿入するのではなく、時間をイメージのなかに挿入する。近代にあっては、生の真のパラダイムは動きではなく時間である。そうであってみれば、このことが意味するのは、そこにはイメージの生があるということである。このことをこそ理解することが問題である。作者自身が展覧会カタログに発表されたインタヴューで断言しているとおりである。「[視覚的]メディウムの本質は時間である。[……]イメージは私たちのなかで生きている。[……]私たちはイメージの生けるデータベース――イメージの蒐集者――なのであって、それらのイメージはひとたび私たちのなかに入ってしまえば、変容し成長してやむことがない[*4]」。

2

イメージはどのようにして時間という負荷を帯びることができるのか？　時間とイメージのあいだにはどのような関係があるのか？　十五世紀なかばごろ、ドメニコ・ダ・ピアチェンツァは『舞踊論』という論考を書いた。ドメニコ――友人や弟子たちの呼びかたではむしろドメニキーノ――は当時の最も有名な振付家であり、ミラーノのスフォルツァ家の宮廷とフェッラーラのゴンザーガ家の宮廷で舞踊教師をしていた[*5]。この書物の冒頭で彼はアリストテレスを引用し、舞踊術は「見いだしうるかぎりの知性と努力（de tanto intelecto e fatica quanto ritrovare se possa）[*6]」を要するとしてその尊厳を強調しているが、こ

*4　Hans Belting & Bill Viola, "A Conversation," in John Walsh, ed., *Bill Viola: The Passions* (Los Angeles: Paul Getty Museum, 2003), pp. 199, 210. ただし、原文で語られているのは視覚的メディウム一般についてではなくヴィデオについてである。

*5　ゴンザーガ家ではなくエステ家（原著者の誤記）。

*6　ドメニコ・ダ・ピアチェンツァ『舞踊論』22.

の論考はなかばは教育手引き書、なかばは師から生徒へと伝えられる口伝に結びついた秘教的要約書というところである。ドメニコはこの芸術の根本的要素を六つ列挙している。拍、記憶、敏捷さ、様式、場の広さ、そして「幽幻（ファンタスマータ）（fantasmata）」である。この最後の要素は——じつはこれは絶対的に中心的な要素であるが——次のように定義されている。「[……]言っておくが、この芸事について学びたいと思う者は幽幻（ファンタスマータ）によって踊るのでなければならない。幽幻（ファンタスマータ）とは身体の俊敏さのことであって、それは[……]拍を知ったうえで動かされるものであると銘記しなければならない。そしてまた、例の詩人が言うようにメドゥーサの頭を見たかと思えるように、それぞれの時間に休止を入れる。つまり、動き終わった瞬間にまったく石と化し、次の瞬間、獲物を見つけて動きだすハヤブサのように飛びたつ。先述の規則にしたがいながら、つまり拍、記憶、様式、場の広さ、勢いなどを働かせながらである（dico a ti chi del mestiero vole imparare bisogna danzare per fantasmata e nota che fantasmata e una presteza corporalle la quale e mossa cum lo intelecto dela mexura [...] facendo requia acadauno tempo che pari haver veduto lo capo di meduxa como dice el poeta cioe che facto el moto sii tutto di piedra in quello instante et in instante mitti ale como falcone che per paica mosso sia segonda la riegola disopra cioe operando mexura memoria mainera cum mexura de terreno e d'aiare）」[*7]。ドメニコが「幽幻（ファンタスマータ）」と呼んでいるのは、その内的緊張において一連の振り付け全体の拍と記憶を潜在的に収縮させるべく二つの動きのあいだで不意になされる停止のことである。

舞踊史家はこの「幽幻（ファンタスマータ）による舞踊」の起源について問うてきた。生徒たちの証言によれば、「この譬喩（quale similitudine）」によって師は「言うことのできない多くのこと（molte cose che non si sanno dire）」[*8]を表現しようとしていたという。これが、中世とルネサンスの心理学に決定的な影響をおよぼしていた小論「記憶と想起について」に要約されているアリストテレスの記憶理論に由来するものであるのは確かである。そこで哲学者アリストテレスは時間、記憶、想像力を緊密に一つに結びつけ、「時間を知覚する存在だけが、時間を知覚するのと同じところを用いて記憶する」[*9]と断言していた。つまり、想像力を用いて、ということである。じつのところ、記憶は「イメージ（phantasma）」がなければ不可能である。「イメージ（phantasma）」とは、感覚や思考の「触発（pathos）」である。この意味で、記憶イメージはつねに、身体を動かし乱すことのできるエネルギーを負荷として帯びている。「触発（pathos）」は何か身体的なものであり、想起はイメージを身体的なところにおいて探求することである。このことは、集中しても想起できずに不安を感じ、もう想起するのをやめてもその不安が続く人がいるということから明らかである。黒胆汁質の人はイメージによって最も動かされてしまうため、とくにそうである。想起が彼らの思うままにならないのは、何かを想起しようとする人は情念の宿っている身体的なところを動かすからである。それは、ものを投げる人がもはや自分の力では投げたものを引き止めることができないのと同じである」[*10]。

したがってドメニキーノにとっては舞踊とは本質的に、記憶の導きにしたがって操作をするということ、時間的・空間的に整序された一連のもののなかで幻想の数々を構成するということである。舞踊手

＊7　ドメニコ・ダ・ピアチェンツァ『舞踊論』59–67.
＊8　アントーニオ・コルナッツァーノ『舞踊論』268–270.
＊9　アリストテレス「記憶と想起について」449 b 29–30.
＊10　アリストテレス「記憶と想起について」453 a 15–23.

の真の場は身体や身体の動きのなかにではなく、「メドゥーサの頭」のようなイメージのなかにある。それは、不動ではないが、記憶と力動的エネルギーという負荷をともに帯びている小休止のようなイメージのなかにある。だがこのことは、舞踊の本質はもはや動きではないということ――それは時間だということ――を意味している。

3

フィレンツェで「一五八九年の幕間劇のための舞台衣裳」を準備しているときにアビ・ヴァールブルクがドメニコ・ダ・ピアチェンツァの論考のことを（そして生徒にあたるアントーニオ・コルナッツァーノの論考のことも）知っていたというのはありそうにないことでもない。いずれにせよ、突然の停止のうちに、動きと記憶のエネルギーを自らにおいて収縮させるこの「幽幻（ファンタスマータ）」ほど、「情念定型（Pathosformel）」というヴァールブルクのイメージの見かたに似ているものもない。この類似はまた、幻霊的・ステレオタイプ的な固定性にも関わっている。ヴァールブルクの情念定型に対しても、またドメニコの「幽幻の影（ombra phantasmatica）」[*11]（師の表現を曲解したアントーニオ・コルナッツァーノの用語を借りれば）に対しても適合すると思われる、あの固定性にである。情念定型という概念は一九〇五年の「デューラーとイタリア的古代」にはじめて登場する。この試論は、ギリシアの壺に描かれた絵画、アンドレア・マンテーニャの一枚の版画、ヴェネツィアのとある揺籃印刷本（インクナブラ）の木版印刷によって証言されている一つの情念定型を通じて、アルブレヒト・デューラーの一枚の版画の図像誌的テーマを古代芸術の「情念的な身振り言語」にまで導くものである。何よりもまず、この用語自体に注意を払うのがよいだろう。ヴァールブルクは「情念形式（Pathosform）」と書いていてもよかったところだが、「情念定型（Pathosformel）」と書いている。それによって、芸術家がそのつど「動きをもった生（bewegtes Leben）」に表現を与えるべく渡りあったテーマのステレオタイプ的・反復的な様相を強調しているのである。この用語の意味を理解する最良のやりかたは、これを、ヴァールブルクが図像集「ムネーモシュネー」のために働いていたのと同じ時期にミルマン・パリーがパリで発表したホメロスの定型文体についての研究における「定型」という用語の使われかたに近づけることかもしれない。このアメリカの若い文献学者は、『イリアス』と『オデュッセイア』の口承の創作技術が膨大な量の、とはいえ有限の単語の組み合わせ（「俊足の（podas ōkys）」「きらめく冑の（korythaiolos）」「あちらこちらへと向かう（polytropos）」といったホメロスの有名な形容語句[*12]）の目録にいかに依拠しているかを示すことで、ホメロスのテクストの読解を更新した。[*13] これらの組み合わせはリズムを考慮して形が整えられており、韻律構造を変えずに統辞を変化させるべく詩人ホメロスが思うままに変形できる、交換可能な韻律要素で構成されている詩句に適用できるようになっている。アルバート・B・ロードとグレゴリー・ナジは、

＊11　アントーニオ・コルナッツァーノ『舞踊論』267–268.

＊12　それぞれアキレウス、ヘクトル、ヘルメスの形容語句（いわば枕詞）。

＊13　以下を参照。Milman Parry, *The Making of Homeric Verse*, ed. Adam Parry (Oxford: Clarendon Press, 1971). 以下も参照。Giorgio Agamben, "L'origine et l'oblio," in *La potenza del pensiero* (Vicenza: Neri Pozza, 2005), p. 196.〔「起源と忘却」、『思考の潜勢力』高桑和巳訳（月曜社、二〇〇九年）二四五頁〕

図2　ドメニコ・ギルランダイオ『洗礼者ヨハネの誕生』(1485年)(部分)［口絵］

これらの定型表現は単に韻律上の切片を埋めるための意味的資材の埋め草などではないということ、それどころか、おそらくは韻律のほうこそ伝承によって伝達された定型表現から生まれたのだろうということを示した[*14]。それと同じように、定型的創作は創造とパフォーマンス、独創と反復を区別できないということを含意している。ロードの言っていることをここで引用しておく。「口承詩はパフォーマンスのためにではなく、パフォーマンスにおいて創作される」[*15]。ところでこのことが意味するのは、定型表現はまさしくヴァールブルクの情念定型と同じよう

図3　アビ・ヴァールブルク、図版集「ムネーモシュネー」よりパネル46「ニンファ」(1920年代)

に、物質と形式、創造とパフォーマンス、開始的特異性と反復、このそれぞれ両者の雑種だということである。

　たとえば、図像集「ムネーモシュネー」第四十六パネルのテーマとなっている情念定型「ニンファ」を取りあげてみよう。このパネルは、七世紀のロンバルディア地方の浮彫から始まりフィレンツェのサンタ・マリア・ノヴェッラ教会にあるドメニコ・ギルランダイオのフレスコ画（そこに登場している女性像にヴァールブルクはふざけて「慌て運び嬢」[16]と綽名を付けている。ニンファについてのヴァールブルク宛書簡でアンドレ・ヨレスはこの女性像を「しだいに優雅な夢魔の姿を取りはじめる私の夢の対象」[17]

---

*14　以下を参照。Albert B. Lord, *The Singer of Tales* (Cambridge: Harvard University Press, 1960); Gregory Nagy, *The Best of the Achaeans* (Baltimore: Johns Hopkins University Press, 1979).

*15　Lord, "Singers: Performance and Training," in *The Singer of Tales*, p. 13.

*16　以下を参照。Ernst H. Gombrich, *Aby Warburg* (Oxford: Phaidon, 1970 [1986]), p. 297.〔『アビ・ヴァールブルク伝』鈴木杜幾子訳（晶文社、一九八六年）三二三頁〕

と定義している）に至る、ラッファエッロ・サンツィオの描いた水を運ぶ女性から始まりヴァールブルクがセッティニャーノで撮影したトスカーナの農婦に至る、二十六枚の写真を含んでいる。ニンファはどこにいるのか？　二十六枚の顕現のうち、どの一つにおいてニンファは自らを表明しているのか？この二十六枚の写真のなかに、他のものが派生するもととなった原型ないしオリジナルのようなものを探し求めるのは、この図像集を読み間違うことだろう。これらのイメージのいずれもオリジナルではないし、いずれも単にそのオリジナルのコピーであるのではない。これと同じ意味で、ニンファは芸術家が新たな形式を与えなければならない情念の物質でもなければ、感情の資材を服従させる鋳型でもない。ニンファとは、原初と反復、形式と物質の見分けがつかなくなる存在である。[*18] しかし、形式が余すところなく物質と一致し、起源がその生成と区別されないという存在は、私たちが時間と呼んでいるものに他ならない。そのためカントはこれを自己触発という用語で定義していた。情念定型は時間でできている。それは歴史的記憶の結晶であり、ドメニコ・ダ・ピアチェンツァのいう意味での「幽幻（ファンタスマータ）」であり、そのまわりに時間が自分の振り付けを書く。

4

一九七二年十一月のある日、シカゴ在住の写真家・デザイナーであるネイサン・ラーナーはウェスト・ウェブスター大通り八五一番地に行き、自分の借家人ヘンリー・ダーガーが四十年にわたって住んでいた部屋の扉を開けた。数日前に部屋を出て老人ホームに移っていたダーガーは静かな、だが少しばかり変わった男だった。それまで彼は病院の皿洗いの仕事をしながら極貧の生活を送っており、隣人たちには彼が女性（少女？）の声を真似して独りで話しているのが聞こえることがあった。彼が外出するのは稀だったが、散歩のあいだ、彼が乞食のようにゴミ箱をあさっているのを見かけた人がいた。シカゴを猛暑が突然襲う夏の日には、彼は建物前の階段に座ったまま、何もないところをじっと見つめていた（晩年の彼を撮った唯一の写真が示しているその姿勢で）。だが、ラーナーは若い学生といっしょに部屋のなかに入ると、予期せぬ発見をした。あらゆるたぐいのもの（糸玉、空になったビスマス壜、雑誌の切り抜き）の山のあいだをかきわけて進むのは容易ではなかった。だが、部屋の隅の古い大箱の上に何かが積み上げられていた。それはタイプで打たれ、手で綴じられた十五冊の本だった。そこには『非現実の王国で』という雄弁な題名の、三万ページ近くにおよぶ一種の空想小説（ロマンス）が含まれていた。本の扉に説明があるとおり、それは少女たちを奴隷化し、拷問にかけ、首を絞め、腹を切り裂くグランデ

＊17 Aby Warburg, "Ninfa fiorentina," in *Werke in einem Band*, ed. Martin Treml *et al.* (Frankfurt am Main: Suhrkamp, 2010), p. 200.〔「フィレンツェのニンフ」加藤哲弘訳、『ヴァールブルク著作集』別巻二（ありな書房、二〇一四年）一八二頁〕

＊18 以下を参照。Agamben, "Aby Warburg e la scienza senza nome," in *La potenza del pensiero*, p. 146.〔「アビ・ヴァールブルクと名のない学」、『思考の潜勢力』一七六頁〕Agamben, "Note sul gesto," in *Mezzi senza fine* (Torino: Bollati Boringhieri, 1996), pp. 48–49.〔「身振りについての覚え書き」、『人権の彼方に』高桑和巳訳（以文社、二〇〇〇年）五八―五九頁〕Agamben, "Che cos'è un paradigma?," in *Signatura rerum* (Torino: Bollati Boringhieri, 2008), pp. 30–32.〔「パラダイムとはなにか」、『事物のしるし』岡田温司ほか訳（筑摩書房、二〇一一年）四三―四五頁〕

図4　ヘンリー・ダーガー『非現実の王国で』挿絵(20世紀半ば)(部分)
［口絵］

リニア人という残酷な大人たちに対して反乱を起こす七人の少女（ヴィヴィアン・ガールズ）の物語である。ラーナーがさらに驚いたのは、その孤独な借家人が画家でもあり、四十年にわたって何十枚もの水彩画や三メートルにもおよぶ紙製パネル画で自分の物語に忍耐強く挿絵を付けていたということを知ったときである。それは牧歌的な風景――一般的に小さな男性器のついた裸の女児たちが深く物思いにふけりながら行き来していたり、驚異的な被造物（ブレンギグロメニア島のヘビたち）のそば、花々のあいだで遊んでいる風景――であるかと思うと、ときとして同じ紙の上で、少女たちの身体が縛られ、殴られ、首を絞められ、ついには血まみれの臓物を引き出されているという、未聞の暴力に充ちたサディズム的な光景がそれに取って代わっている。

しかし、ここでとくに私たちが関心を抱くのは、ダーガーによって用いられているすばらしい創作手法である。うまく絵を描けなかった彼は、マンガや雑誌に出てくる子どものイメージを切り抜き、トレーシング・ペーパーを使ってそれを写している。イメージが小さすぎるばあい、彼はそれを写真に撮り、必要に応じて拡大してもらった。このようにして、この芸術家はついには、大きなパネル画の上で思うままに（糊で貼りつけたり転写したりして）組み合わせることのできる

図5　ヘンリー・ダーガー、少女イラストのトレース（20世紀半ば）［口絵］

定型的な身振りの目録を自由に用いることができるようになった――情念定型の一連の変奏物であるこの目録は、「ダーガーのニンファ（ninfa dargeriana）」と呼ぶこともできるかもしれない。言い換えれば、ダーガーは情念定型のみを手段としておこなわれた芸術的創作の極端な事例となっている。このことは、並外れた現代性の効果を生んでいる。

しかし、ヴァールブルクとの類比はさらに本質的なものである。ダーガーに関心を寄せる批評家たちは、幼年期の心的外傷をけっして乗り越えず、疑いようもなく自閉症の特徴を呈しているという彼のパーソナリティの病理的様相を強調してきた。だがそれよりも、ダーガーと彼の情念定型のあいだの関係について検討するほうがはるかに興味深い。彼が四十年にわたって自分の想像上の世界に完全に没入して生きていたというのは確かである。あらゆる本物の芸術家と同じく、彼は単にしかじかの身体のイメージを構築したかったわけではなかった。彼の作品は彼の生と同じく戦場であって、その戦いで目指された対象が「ダーガーのニンファ（ninfa dargeriana）」という情念定型なのである。この情念定型は意地悪な大人によっておこなわれている奴隷制へと縮減された（この大人たちはしばしば、帽子と法服を着た教授の衣裳で表象されている）。言い換えれば、私たちの記憶の材料であるイメージは、歴史的伝達（集団的伝達であれ個人的伝達であれ）をなされるあいだにたえず亡霊へと凝結しようとするのであって、まさにそれらのイメージを生へと戻してやることが問題なのである。イメージは生きてはいるが、時間と記憶でできているので、その生はつねにすでに「後の生（Nachleben）」であり、つねにすでに脅かされ、亡霊という形式を引き受けようとしている。イメージをその亡霊という運命から解放してやること、これがダーガーとヴァールブルクが——本質的な心理的リスクの際で——かたやその終わりのない物語に、かたや名のない学に割り当てた努めである。[*19]

5

ヴァールブルクの研究は映画の誕生と同時代である。一見したところ、この二つの現象の共通点は動きの表象という問題であるように思われる。だが、動く身体の表象——彼はこれを「動きをもった生（bewegtes Leben）」と名づけ、ニンファはその規準的な例となっている——に対するヴァールブルクの関心は、科学技術的ないし美学的な次元の理由に対応しているというより、「イメージの生」とでも呼びうるだろうものに対する彼の強迫観念に対応している。このテーマは——ルートヴィヒ・クラーゲスからベンヤミンまで、未来主義からアンリ・フォションまで――二十世紀初頭の思考と詩作において（もしかすると政治においても）二次的であるというにはほど遠かった当のものを定義づけている。この当のものと映画との関係は依然として研究されるべきもののままである。このように見ると、ヴァールブルクの研究と映画の誕生の近しさは新たな意味を獲得する。いずれのばあいも、問題となっているのはイメージ――映画から切り離された一コマ一コマの写真、あるいは記憶の情念定型――においてすでに現前している動的な潜在力を集めることであって、この潜在力は、ヴァールブルクが「後の生（Nachleben）」、つまり死後の生（ないし生き延びた残存物）という単語で了解していたものと無関係ではない。

知ってのとおり、映画の先駆的装置（ジョゼフ・プラトーのフェナキストスコープ、ジーモン・フォン・スタンプファーのゾーイトロープ[*20]、ジョン・エアトン・パリスのソーマトロープ）の起源には、網膜イメージの残存の発見がある。ソーマトロープに付属しているパンフレットの示しているとおり、「今や実験によって確かめられているが、このようにして精神が受容する印象は、イメージが取り除かれた後、約八分の一秒のあいだ存続する［……］」。それ［ソーマトロープ］はこれと同じ光学上の原理によっている。紙の一方の側に描かれているイメージによって網膜上に作られる印象は、もう一方の側

＊19　「名のない学」については以下を参照。Agamben, "Aby Warburg e la scienza senza nome," pp. 123–146.〔「アビ・ヴァールブルクと名のない学」一五〇―一七六頁〕

＊20　正確には、ゾーイトロープはウィリアム・ジョージ・ホーナーの発明とされる。スタンプファーはストロボスコープを発明した。いずれにせよ両者のメカニズムはほぼ同一。

に描かれているイメージが目に提示される前に消去されてしまわない。その結果、表側と裏側が同時に見えることになる」[*21]。というわけで、時間において互いに分離されている二つの網膜イメージが互いに混ざりあうことから、一方の側には鳥が、もう一方の側には鳥籠が描かれている動く紙の円盤にまなざしを向けている観者には鳥が鳥籠に入るところが見えることになる。

ヴァールブルクの発見は次のことであると言えるだろう。すなわち、生理学上の「後の生（Nachleben）」（網膜イメージの残存）の脇に、イメージの歴史的な「後の生（Nachleben）」が存在しているということの発見である。それはイメージの記憶の負荷の残存に結びついており、イメージを「力動図」として構成する。言い換えれば、ヴァールブルクは（クラーゲスやカール・グスタフ・ユングはむしろメタ歴史的な原型に専心しているが）歴史的記憶によって伝達されるイメージが生気のない、動きをもたないものであるどころか、小さくされた特別な生をもっているということに気づいた最初の人物だということである。この特別な生を彼はまさしく、死後の生、生き延びた残存物と呼んでいる。フェナキストスコープが――そして後に、また別の道を通って映画が――イメージを動かすために網膜残像を捉えるに至らなければならないのと同じように、歴史家は、情念定型にその隠しもっていたエネルギーと時間性とを回復してやるべく、その死後の生を捉えることができるのでなければならない。じじつ、イメージの生き延びた残存物とは一つの所与ではない。それは一つの操作であって、それを完了させることこそが歴史的主体の努めなのである（それはちょうど、網膜残像の発見がそれを動きへと変容させることのできる映画というものを要請すると言えるのと同じことである）。自分に閉じこもった、到達不可能なものと思われた過去は――私たちに先立つ世代また世代によって伝達されてきたイメージは——、この操作によって私たちにとってあらためて動きをもち、ふたたび可能的なものとなる。

6

一九三〇年代なかばから、パリについての研究、次いでボードレールについての研究のために仕事をしながら、ベンヤミンは「弁証法的イメージ（dialektisches Bild）」という概念を練りあげている。この概念は彼の歴史認識理論の基礎をなすはずのものだった。『パサージュ論』の「N 3, 1」という断章以上に、この概念の定義に彼が近づいているテクストは他にないかもしれない。彼はその断章で、弁証法的イメージをフッサール現象学の諸本質と区別している。フッサール現象学の諸本質が事実上のいっさいの所与から独立して認識されるのに対して、弁証法的イメージのほうはその歴史的指標によって定義される。歴史的指標が弁証法的イメージを今日性へと振り向けるのである。フッサールにとって志向性は現象学の前提のままであるが、それに対して弁証法的イメージにおいては真理は歴史的に「志向（intentio）の死」として提示される。このことが意味するのは、ベンヤミンの考えにおいては弁証法的イメージには現象学のエイドスやプラトンのイデアに比すべき尊厳がふさわしいということである。哲

＊21　John Ayrton Paris, *Philosophy in Sport*, 3 (London: Longman, 1827), pp. 13, 15. おそらく以下からの孫引き。Jonathan Crary, *Techniques of the Observer* (Cambridge: MIT Press, 1990), pp. 105–106.〔『観察者の系譜』遠藤知巳訳（以文社、二〇〇五年）一五九—一六〇頁〕

学はそのようなイメージの再生と構築に専心しなければならない。しかしながら決定的に重要なのは、ベンヤミンにとってはイメージが「停止状態（Stillstand）」において不意を突かれた弁証法的運動を通じて定義づけられるということである。「過去が現在に光を投げかけるのでもなければ、現在が過去に光を投げかけるのでもない。イメージとはそうではなく、かつてあったものが電光石火のうちに今と一つになり、ただ一つの星座をなす場である。言い換えれば、イメージは停止状態にある弁証法である」[*22]。これとは別の断章でベンヤミンはフォションの一節を引用している。そこでは古典的様式が「形式がまるごと所有される短い時間」として定義づけられている。「それは素早い幸福、ギリシア人のいう絶頂（akmē）である。天秤棒はもはや、かすかにしか揺れ動かない。私が期待しているのは、その天秤棒がじきにふたたび傾くところを見るということではないし、それが絶対的に固定される瞬間ではなおのことない。私が期待しているのは、このためらう不動の奇蹟において、天秤棒が生きているということを私に示してくれる軽微な、感じ取れないほどの揺れ動きである」[*23]。ドメニコ・ダ・ピアチェンツァの「幽幻（ファンタスマータ）による舞踊」におけると同じく、イメージの生は単なる不動にも、また動きのそれに次ぐ再開にも存しない。それはイメージのあいだの緊張という負荷を帯びた休止に存している。「歴史の概念について」の第十七テーゼには次のように読める。「思考が突然、緊張で飽和した星座において停止するところで、思考はその星座にショックを与え、そのショックによって思考はモナドとして結晶化される」[*24]。

一九三五年夏にテオドール・W・アドルノと交わされた往復書簡は、この二極をもった緊張の両極端をどのような意味で了解すべきかを明らかにしてくれる。アドルノは弁証法的イメージという概念をべンヤミンの『ドイツ悲劇の根源』における寓意という概念を出発点として定義している。『ドイツ悲劇の根源』においては、寓意的な志向によって対象のうちに作用する「意味の抉出」が問題となっていた。「事物において使用価値が壊死することで、疎外された事物は意味を抉出され、〔空虚な〕暗号となってさまざまな意味をわが身に引き寄せるようになる。主観性は、願望や不安という志向をそこに注ぎ入れることで事物を奪い取る。使用価値から引き離された事物は主観的志向のイメージを担い、それによって不朽の、永遠のものという姿を呈する。弁証法的イメージは疎外された事物と注ぎ入れられた意味のあいだに形作られる星座であって、それは死と意味のあいだの差異がなくなる瞬間に引き止められている」[*25]。ベンヤミンはこの一節をカードに書き写して次のように註釈している。「このような考察については、次の点を考慮に入れなければならない。すなわち十九世紀には、技術の進歩によって新たな日用品

---

*22 Benjamin, *Gesammelte Schriften*, 5-1, ed. Tiedemann (Frankfurt am Main: Suhrkamp, 1982), p. 578 [*Passagenwerk*, N 3, 1].〔『パサージュ論』第三巻、今村仁司ほか訳（岩波書店、二〇〇三年）一八六頁〕以下も参照。Agamben, "Soglia o *tornada*," in *Il tempo che resta* (Torino: Bollati Boringhieri, 2000), p. 131.〔「閾あるいはトルナダ」、『残りの時』上村忠男訳（岩波書店、二〇〇五年）二二八―二二九頁〕Agamben, "Teoria delle segnature," in *Signatura rerum*, pp. 73–74.〔「しるしの理論」、『事物のしるし』一一二頁〕

*23 Henri Focillon, *La vie des formes* (Paris: PUF, 1947 [1981]), p. 19.〔『かたちの生命』阿部成樹訳（筑摩書房、二〇〇四年）四三頁〕ベンヤミンによる引用は以下。Benjamin, *Gesammelte Schriften*, 1-3, ed. Tiedemann *et al.* (Frankfurt am Main: Suhrkamp, 1974), p. 1229.

*24 Benjamin, "Über den Begriff der Geschichte," in *Gesammelte Schriften*, 1-2, ed. Tiedemann *et al.* (Frankfurt am Main: Suhrkamp, 1974), pp. 702–703 [These 17].〔「歴史の概念について」浅井健二郎訳、『ベンヤミン・コレクション』第一巻（筑摩書房、一九九五年）六六二頁〕

が次々に流通しなくなることで、意味を失い「抉出」されたものの数がかつてない規模とテンポで増大しているという点である」[*26]。意味が宙吊りにされるところに弁証法的イメージが現れる。言い換えれば、弁証法的イメージとは、疎外と新たな意味の出来事とのあいだの未解決の揺れ動きである。ベンヤミンをあれほどにも魅了した寓意画の志向に似て、弁証法的イメージはその対象を意味上の空虚のなかに宙吊りにする。そこから、アドルノによって批判される両義性なるものが生じてくる(「これ[両義性]はけっして、そのままにしておいてはならない」[*27])。弁証法をつまるところ自分のヘーゲル的母型に関連づけようと試みるアドルノが理解していないように思われるのは、ベンヤミンにとって本質的なのは媒介作用を通じて矛盾の「揚棄(Aufhebung)」へと導く運動ではないということ、本質的なのは二つの互いに対立する項のあいだの、差異のなくなる地帯――そのようなものである以上は必然的に両義的な地帯――において中間項自体が露出される停止の瞬間だということである。ベンヤミンの語っている「停止状態にある弁証法(Dialektik im Stillstand)」はある弁証法の構想を含意しているが、その弁証法のメカニズムは論理的(ヘーゲルにおけるように)ではなく、類比的・パラダイム的(プラトンにおけるように)である。エンツォ・メランドリのすばらしい直観を借りて言えば、この弁証法の定式は「Aでもなく、Bでもなく」であり、ここに含意される対立関係は二分的・実質的ではなく二極的・緊張的である[*28]。二つの項は一つの統一性へと解消・構成されるのではなく、緊張を負荷として帯びた不動の共存において維持される。ところで、じつはこのことが意味するのは、弁証法によって否定される二つの対象から当の弁証法が分離されないということだけではない。それはまた、弁証法によって否定される二つの対象がそれぞれの同一性を失い、弁証法的緊張の二つの極になるということをも意味している。その弁証法的緊張の明証さは「幽 幻（ファンタスマータ）による」舞踊として頂点に達する。

　哲学史において、この「停止状態にある弁証法」には有名な原型がある。それは『分析論後書』の一節に見いだされる。そこでアリストテレスは、普遍的なものの生ずる場となる思考の突然の停止を、逃げ出す軍隊に譬えている。その軍隊のただなかで突然、一人の兵士が停止すると次の一人が停止し、最初の統一性が再構成されるまでそれが続く。そのような軍隊に思考の突然の停止が譬えられているのである。[*29] ここでは、普遍的なものは帰納的プロセスを通じて到達されるのではない。普遍的なものは個別的なものにおいて、その当の個別的なものの停止を通じて生ずる。逃げ出す兵士たちの群れ（言い換えれば、思考や知覚の群れ）が突然、統一性として知覚される。それはちょうどベンヤミンが、思考が突然停止して一つの星座の形を取る、と（「骰子の一振りは偶然をけっして廃棄しないだろう」において、

＊25　Theodor W. Adorno & Benjamin, *Briefwechsel 1928–1940*, ed. Henri Lonitz (Frankfurt am Main: Suhrkamp, 1994), pp. 151–152 [no. 39].〔『ベンヤミン／アドルノ往復書簡』野村修訳（晶文社、一九九六年）一二六頁〕

＊26　Benjamin, *Gesammelte Schriften*, 5-1, p. 582 [*Passagenwerk*, N 5, 2].〔『パサージュ論』第三巻、一九五頁〕

＊27　Adorno & Benjamin, *Briefwechsel 1928–1940*, p. 142 [no. 39].〔『ベンヤミン／アドルノ往復書簡』一一七頁〕ベンヤミンのいう「両義性」については以下を参照。Benjamin, "Paris, die Hauptstadt des XIX. Jahrhunderts," in *Gesammelte Schriften*, 5-1, p. 55.〔「パリ　一九世紀の首都〔ドイツ語草稿〕」、『パサージュ論』第一巻、今村仁司ほか訳（岩波書店、二〇〇三年）二三頁〕

＊28　以下を参照。Enzo Melandri, *La linea e il circolo* (Macerata: Quodlibet, 2004), p. 798. 以下も参照。Agamben, "Archeologia di un'archeologia," in Melandri, *La linea e il circolo*, p. xxix ; Agamben, "Che cos'è un paradigma ?," pp. 21–22.〔「パラダイムとはなにか」二九―三〇頁〕

＊29　以下を参照。アリストテレス『分析論後書』100 a 10–14.

図6　アンリ・フォシヨン『弁証法』(1937年)

書かれたページを星空の潜勢力へと高めながらも広告の図案的緊張へと高めてもいたステファヌ・マラルメのイメージを借りて）語っているのと同じ意味においてである。[*30] ベンヤミンによればこの星座は弁証法的であり、かつ強度をもっている。つまり、それは過去の一瞬間を現在と関連づける能力をもっている。

一九三七年の日付をもつフォシヨンの手になる版画がある。そこで、この大美術史家は（版画への情熱を父親から受け継いで）思考のこの宙吊りにされた不安を一つのイメージにおいて定着させようと欲したように思われる。その版画が表象しているのは、サーカス小屋の照明の当たった舞台の上方で空中ブランコに乗っている一人の軽業師である。絵の右下方に、作者の手は版画の題名を次のように書きこんでいる——『弁証法[*31]』。

7

フリードリヒ・テオドール・フィッシャーの象徴論を読んだことが若いヴァールブルクに影響を与えたということはよく知られている。フィッシャーによると、象徴に固有の空間が位置しているのは、一方の「イメージ（Bild）」と他方の「意味（Bedeutung）」「内容（Inhalt）」とを多かれ少なかれ即座に同一視する神話的・宗教的な意識の不明瞭性と、この両者をあらゆる点において互いに判別されるものとして維持する理性の明瞭性、この二つのあいだであるとされる。フィッシャーは次のように書いている。「象徴的なものと呼ばれるべきは、かつて信じられていた神話的なものが、今は実際の信仰を欠いているが、生き生きとした転換によって意味に充ちた見かけのイメージ（sinnvolles Scheinbild）としてあらためて受け取られ取り入れられているものである。その見かけのイメージは自由に美的なものであるが、とはいえ空虚ではない」[*32]。つまり、神話的・宗教的な意識と合理的な意識のあいだに「第二の中心形式として、自由と不自由の中間、明瞭と不明瞭の中間を占めるそれ［意識］」を導入しなければならない。

＊30　マラルメに関しては以下を参照。Mallarmé, "Un coup de dés jamais n'abolira le hasard," in *Œuvres complètes*, 1, ed. Bertrand Marchal（Paris: Gallimard, 1998）, p. 387.〔「賽の一振り」清水徹訳、『マラルメ全集』第一巻（筑摩書房、二〇一〇年）xi頁〕

＊31　以下を参照。Focillon, *La dialectique*, in Jacques Bonnet, ed., *Cahiers pour un temps: Henri Focillon*（Paris: Centre Georges Pompidou, 1986）, p. 61. なお、題名は実際には左下方に記されている。

＊32　Friedrich Theodor Vischer, "Das Symbol," in *Kritische Gänge*, 4, ed. Robert Vischer（München: Meyer & Jessen, 1921）, p. 431.

「その後になってはじめて、第三のものとして、完全に自由で明瞭な形式が生じうる［……］」。中間（die Mitte）。今、問題になっているものを、特有の薄明（Zwielicht）であると呼ぶこともできる。この自然の入魂（Naturbeseelung）は不随意であるにもかかわらず自由であり、無意識的であるにもかかわらずある意味では意識的である。この貸し出し行為（der leihende Akt）によって私たちは自分の霊魂とその気分とを、生きた霊魂をもたないものの下に置く」[*33]。フィッシャーはこの中間的状態を「宙吊りにする（vorbehaltende）」状態と呼んでいる。[*34] この状態においては、観察者はイメージのもつ魔術的・宗教的な力をもはや信じないが、にもかかわらず、あるしかたでそのイメージに結びついたままでいる。観察者はそのイメージを、効果あるイコンと純粋に概念的な記号とのあいだに宙吊りにしている。

このような考えかたがヴァールブルクにおいて見いだすはずだったこだまは明白である。彼にとって、イメージ（情念定型）との出会いは、意識的でも無意識的でもない、自由でも不自由でもないこの地帯で起こる。しかしながらこの地帯にこそ人間の意識と自由がかかっている。つまり、人間的なものが自ら決定するのは神話と理性のあいだのこの無人地帯において、人間という生きものが生きた霊魂をもたないイメージと対決することを受け容れる場であるこの両義的な薄明においてである。そのイメージに生を回復させてやるべく、歴史的記憶はそれを人間に伝達する。ベンヤミンにおける弁証法的イメージやフィッシャーにおける象徴と同じように、情念定型は――それをヴァールブルクはエネルギーという負荷を帯びた力動図に譬えているが――「極性を帯びていない潜在的な両義性（unpolarisierte latente Ambivalenz）」[*35]という状態において受け取られる。情念定型はそのようにしてのみ、生きている個人との出会いにおいて極性と生とをあらためて獲得することができる。個人――芸術家であれ詩人であれ、あるいはまた学者であれ、窮極的にはすべての人間――がイメージと渡りあう創造行為は、人間的なものの二極のあいだにあるこの中心地帯において起こる（この中心地帯をフィッシャーは「中間（die Mitte）」と呼んでいるが、ヴァールブルクは「問題は中間に横たわっている（das Problem liegt in der Mitte）」と倦まず忠告している）[*36]。この中心地帯を私たちは、ベンヤミンが引用を好んだザーロモ・フリートレンダーのイメージを借りて、「創造的な無差異」地帯と定義づけることもできるだろう[*37]。ここ

---

*33 Vischer, "Das Symbol," pp. 431–432.

*34 正確に対応する文言はないが、内容的には以下を参照。Vischer, "Das Symbol," p. 434. 以下も参照。Edgar Wind, "Warburgs Begriff der Kulturwissenschaft und seine Bedeutung für die Ästhetik," in *Heilige Furcht*, ed. John Michael Krois *et al.* (Hamburg: Philo Fine Arts, 2009), p. 96 ; Gianni Carchia, "Aby Warburg: Simbolo e tragedia," *Aut aut*, no. 199/200 (Firenze: La Nuova Italia, 1984), p. 93.

*35 Warburg, "Allgemeine Ideen" [WIA, III.102.1], pp. 20, 74. 以下も参照。Georges Didi-Huberman, *L'image survivante* (Paris: Minuit, 2002), p. 183.（『残存するイメージ』竹内孝宏ほか訳（人文書院、二〇〇五年）一九二頁）

*36 以下を参照。Warburg, "Das Problem liegt in der Mitte," in *Gesammelte Schriften*, 1-2, ed. Horst Bredekamp *et al.* (Berlin: Akademie Verlag, 1998), pp. 613–614.（「課題は中間にある」伊藤博明ほか訳、『ヴァールブルク著作集』別巻二、三二七―三二九頁）

*37 以下を参照。Salomo Friedlaender [*alias* Mynona], *Gesammelte Schriften*, 10 (*Schöpferische Indifferenz*), ed. Hartmut Geerken *et al.* (Norderstedt: Books on Demand, 2009). 以下も参照。Benjamin, "Anja und Georg Mendelssohn, *Der Mensch in der Handschrift*," in *Gesammelte Schriften*, 3, ed. Hella Tiedemann-Bartels (Frankfurt am Main: Suhrkamp, 1972), p. 138.（「アーニャ・メンデルスゾーン／ゲオルク・メンデルスゾーン著『筆跡のなかの人間』」浅井健二郎訳、『ベンヤミン・コレクション』第五巻（筑摩書房、二〇一〇年）一三四頁）

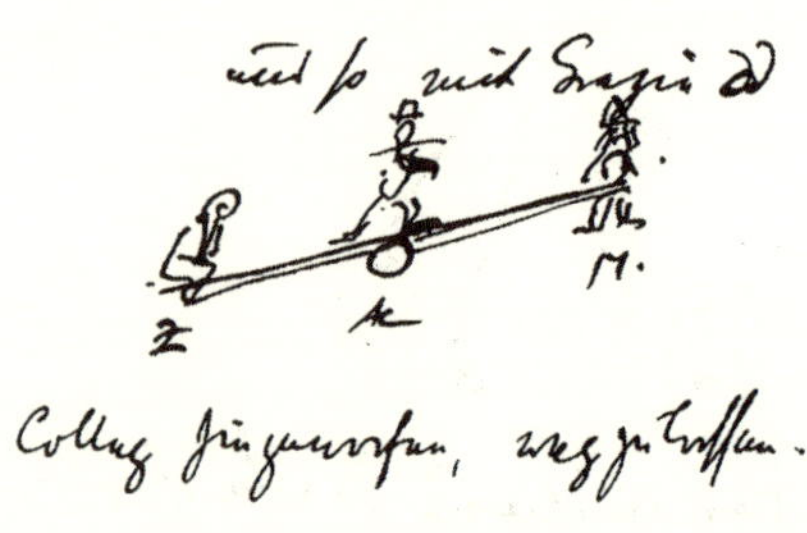

図7　アビ・ヴァールブルク「永遠のシーソー」(1890年)

で問題になっているというのは幾何学的な観念ではなく、弁証法的な観念である。それは一本の線分上で二つの切片を分離する中点のことではなく、その中点を通じてなされる二極間の揺れ動きの移行のことである。ドメニコ・ダ・ピアチェンツァの「幽幻（ファンタスマータ）」と同じように、それは移行状態にある存在の不動のイメージである。だがこのことはまた、ヴァールブルクが図像集「ムネーモシュネー」に託している操作がちょうど、人が「歴史的記憶」という名目で理解するのを常とするものの正反対のものであるということをも意味している。ジャンニ・カルキアのかくも正当な定式によれば、歴史的記憶は「ついには［……］記憶の空間において、意味の正真正銘の底知れぬ深淵、意味自体の欠如の場であることが明らかになる[*38]」。

図像集は、脱極性化・再極性化のおこなわれる一種の施設である（ヴァールブルクは「接続を遮断された力動図（abgeschnürte Dynamogramme）[*39]」について語っている）。その施設においては、意味を失って夢魔や亡霊として生き延びていた過去のイメージが薄明のうちに宙吊りにされる。その薄明にあって歴史的対象はイメージと対決するが、それは睡眠と覚醒のあいだでそのイメージに生を回復させてやるため——あるいはまた、ばあいによってはイメージから覚醒するため——である。

ジョルジュ・ディディ＝ユベルマンはヴァールブルクの草稿を掘り返して数々の素描を回収したが、そのなかには、振り子の揺れを示すいくつかの図式の他に、一つの軸の上を歩いている軽業師がペン描きで示されている素描がある。その軸は軽業師とは別の二つの形象によって不安定な均衡を保っている。[*40] 軽業師——Kという文字で表されている——はもしかすると、イメージとイメージの内容とのあいだで宙吊りにされている「芸術家（Künstler）」の暗号なのかもしれない（他のところでヴァールブルクは「イメージとして、また記号としての原因の位置のあいだの振り子運動」[*41] について語っている）——しかしそれはもしかすると、（ヤーコプ・ブルクハルトについてヴァールブルクが書いているように）「自分のしていることを完全に意識している降霊術師、自分に対してきわめて真剣な脅威を与える人影を自分から召喚する降霊術師」[*42] のやりかたで行動する学者の形象でもあるのかもしれない。

＊38　Carchia, "Aby Warburg: Simbolo e tragedia," pp. 100–101.
＊39　Warburg, "Allgemeine Ideen," p. 37. 以下も参照。Didi-Huberman, *L'image survivante*, p. 339.〔『残存するイメージ』三五八頁〕
＊40　以下を参照。Didi-Huberman, *L'image survivante*, p. 182.〔『残存するイメージ』一九〇頁〕
＊41　不詳。

8

「彼女［ニンファ］は誰なのか、出身はどこなのか」[*43]と、ヨレスは一九〇〇年にフィレンツェで交わした往復書簡で、トルナブオーニ礼拝堂にあるギルランダイオによって描かれた動きのある女性像についてヴァールブルクに訊ねていた。ヴァールブルクの回答は、少なくとも一見したところ断固とした響きをもっている。「身体的な現実によれば、彼女はタタール人の解放奴隷だったかもしれない［……］が、実際の本質によるならば彼女は四精霊の一つ（Elementargeist）、流謫にある異教の女神である［……］」[*44]。とくに、この定義の後半部分（流謫にある異教の女神）が研究者たちの注意を惹いてきた。この部分はニンファを、異教の神々の「後の生（Nachleben）」というヴァールブルクの探究にとって最も固有なものである文脈のなかに書きこむものである。「四精霊の一つ（Elementargeist）」と流謫にある神々とを接近させるということはすでにハインリヒ・ハイネに見られる（『両世界評論』誌に発表された版では、「流謫の神々」の冒頭に「四精霊（Elementargeister）」についての文章――一八三五年に書かれたもの――が置かれている）[*45]。それに対して、ハイネとフリードリヒ・ド・ラ・モット＝フーケの『ウンディーネ』による四精霊の教説がパラケルススの『ニンファ、シルフ、ピグミー、サラマンダーその他の精霊について』を参照するものであるということ、この教説がニンファの系譜において、いわば秘教的な隠れ分家を指し示しているということは指摘されずにきた。この分家はヴァールブルクにもヨレスにも必ずやなじみのものであったはずである。さまざまに異なる文化的伝統の交点に位置することの漂流において、ニンファは愛の情念の対象の最たるものを名づけるものとなっている（ヴァールブルクにとってはニンファはたしかにそのようなものだった。彼は「私は［……］彼女と喜んでどこかを飛びまわりたい」[*46]とヨレスに書いている）。

ヴァールブルクが直接問題にしている『ニンファ、シルフ、ピグミー、サラマンダーその他の精霊について』を取りあげよう。ここで、ニンファはパラケルススによる四精霊（ないし妖精）の教説のなかに書きこまれている。四精霊のそれぞれは四大元素に結びついている。ニンファ（ないしウンディー

---

*42 Berndt Roeck, "Aby Warburg Seminarübungen über Jacob Burckhardt im Sommersemester 1927," *Idea: Jahrbuch des Hamburger Kunsthalle*, 10 (München: Prestel, 1991), p. 87. 以下も参照。Gombrich, *Aby Warburg*, p. 255.〔『アビ・ヴァールブルク伝』二八一頁〕Agamben, "Quarta giornata: *Apóstolos*," in *Il tempo che resta*, p. 61.〔「第四日　アポストロス」、『残りの時』九九頁〕Agamben, "Aby Warburg e la scienza senza nome," p. 133.〔「アビ・ヴァールブルクと名のない学」一六一、一六三頁〕Agamben, "Creazione e salvezza," in *Nudità* (Roma: Nottetempo, 2009), p. 8.〔「創造と救済」、『裸性』岡田温司ほか訳（平凡社、二〇一二年）八頁〕

*43 Warburg, "Ninfa fiorentina," p. 202.

*44 Warburg, "Ninfa fiorentina" [WIA, III.118.1]. 以下も参照。Gombrich, *Aby Warburg*, p. 124.〔『アビ・ヴァールブルク伝』一四四頁〕

*45 以下を参照。Henri [Heinrich] Heine, "Dieux en exil," *Revue des deux mondes*, 23, no. 2 (Paris: Bureau de la Revue des deux mondes, April 1, 1853), pp. 5–38. なお、このテクストの冒頭部分と完全には対応しないが、「一八三五年に書かれたもの」は以下。Heinrich Heine, "Elementargeister," in *Säkularausgabe*, 9, ed. Fritz Mende (Berlin: Akademie-Verlag, 1979), pp. 88–136.〔「精霊物語」、『流刑の神々・精霊物語』小沢俊夫訳（岩波書店、二〇〇七年）七―一二二頁〕

*46 Warburg, "Ninfa fiorentina." 以下も参照。Gombrich, *Aby Warburg*, p. 110.〔『アビ・ヴァールブルク伝』一三〇頁〕

ネ）は水に、シルフは空気に、ピグミー（ないし小人［ノーム］）は土、サラマンダーは火に結びついているとされる。これらの精霊――とくにニンファ――を定義づけているのは、見た目はまったく人間と似ているにもかかわらず、アダムから生み出されたのではなく、創造の第二序列に属しているということである。その序列は「人間からも、あらゆる動物からも分離されている」[*47]。パラケルススによれば、「二つの肉」[*48]があるとされる。一つはアダムに由来するもので、分厚い、地上のものである。もう一つは精妙かつ霊的なもので、アダムには由来しない。（いくつかの被造物について特別な創造がなされたということを含意するこの教説は、異教徒がアダム以前に創造されたとするイザク・ド・ラ・ペレールによる教説の正確な相対物であるように見える。[*49]）いずれにせよ、四精霊を定義づけるのは彼らが霊魂をもたないということ、したがって人間でも動物でもなく（理性と言語活動をもっている以上は動物ではない）、正確には精霊でもない（身体をもっている以上は精霊ではない）ということである。動物以上で人間未満、身体と精神の雑種である彼らは純粋かつ絶対的に「被造物」である。神によって世界の四大元素のうちに創造され、そうである以上は死を免れない彼らは永遠に、救済のオイコノミアの外にある。

「それらは精霊でも人間でもありながら、そのいずれでもない。それらは精霊のように振る舞うので人間ではありえない。食べたり飲んだりし、血肉を備えているので精霊ではありえない。したがって、それらは両者とは異なる特別な被造物であるが、両種からなり、両者を混ぜたものとして作られている。それはちょうど、酸っぱいものと甘いものの合成物［……］や二つの色を一つにしたもの［……］のようなものである。だが、それらは精霊でも人間でもありながら、そのいずれでもないと理解しなければならない。人間は霊魂をもっているが、精霊は霊魂をもっていない。精霊は霊魂をもっていないが、人間は霊魂をもっている。だが、この被造物はそのいずれでもあるが霊魂をもっていない。だが、だからといって精霊と同じだというわけでもない。精霊は死なないが、この被造物は死ぬからである。それは霊魂をもたないので人間と同じではない。それは獣であるが、獣以上である。それは獣のように死ぬのであって、動物的な身体はやはり人間のような霊魂をもたない。だから、それは獣である。だが、それは人間のように話したり笑ったりする［……］。キリストが死んだのも生まれたのも、霊魂のある者たちのため、アダムに由来する者たちのためである。アダムに由来しない者たちのためではない。それらは人間ではあるが霊魂をもっていない[*50]。

パラケルススは一種の愛のこもった共感をもって、この人間にそっくりな被造物、しかし罪もないのに純粋に動物的な生へと断罪されているこの被造物の運命に足を止めている。「それらは人間であり人々であり、獣とともに死に、精霊とともに歩きまわり、人間とともに食べたり飲んだりする。つまり、獣のように死に、後には何も残らない［……］。生殖は人間と同じである［……］。人間のように死ぬが、その死は獣のようである。その肉は他の肉と同じように腐る［……］。習俗や身振りは人間のようである。あらゆる美徳に関しても同様であり、より良いこともあればより粗野なこともあり、より精妙なこ

＊47 パラケルスス『ニンファ、シルフ、ピグミー、サラマンダーその他の精霊について』1.1. 以下、パラケルススからの引用はオリジナル（ドイツ語）を参照して修正する（アガンベンがラテン語訳の文言を参照している箇所についてはそのかぎりではない）。

＊48 パラケルスス『ニンファ、シルフ、ピグミー、サラマンダーその他の精霊について』1,2.

＊49 以下を参照。Anonymous [Isaac de La Peyrère], *Praeadamitae* ([Amsterdam]: [Louis et Daniel Elzevier], 1655).

＊50 パラケルスス『ニンファ、シルフ、ピグミー、サラマンダーその他の精霊について』1,2.

ともあればより粗雑なこともある［……］。食べものは人間と同じで、自分たちの手で作ったものを食べて楽しみ、自分たちの服は自分たちで紡いでは織り、物の使いかたを心得ており、賢明さをもって統治をおこない、正義をもって保存・保護をおこなっている。それらは獣ではあるが、人間の理性をすべてもっている。ただ、霊魂をもっていない。だから、それらは神に仕えよう、神の道を歩こうという判断はしない」[*51]。

人間的でない人間であるパラケルススの四精霊は、人間の人間自身からのあらゆる分離の理想的原型となっている（この点で、ここでもまたヘブライの民との類比は驚くべきものである）。しかしながら、アダムに由来しない他の被造物に対して、ニンファには特有なところが一つある。それを定義づけているのは、人間と性的に合一して息子を生めば霊魂を受け取ることができるということである。パラケルススはここで、ニンファをウェヌスの王国に、また愛の情念に分かちがたく結びつけていたこれとは別の、さらに古い伝統と関係をもっている（この伝統は「色情狂（ニンフォマニア）」という精神医学用語のもとにもなっているし[*52]、もしかすると小陰唇を「ニンファ（nympha）」と表す解剖学用語のもとにもなっているかもしれない）。じつのところパラケルススによれば、ニンファが「人間の目にとまるだけでなく、接合し（copulatæ coiverint）、子どもを生む」[*53]ということを証している「資料」が多くあるとされる。そのようなことが起こると、ニンファも子どもも霊魂を受け取り、本当の人間になる。「いくつかのやりかたで証明されていることだが、それらは永遠ではない〔霊魂をもたない〕が、人間と合一すると永遠になる。つまり人間と同じように霊魂をもつようになる。このことは次のように理解しなければならない。神はそれらをこれ以上はないほど人間と同じように、人間に似せて創造した。そこに、それらが霊魂をもたなくなるという驚異の業が起こった。だが、それらが人間との合一に入ると、その合一がそれらに霊魂を与える［……］。したがって、それらは人間がいなければ動物である。それは、神との合一がなければ人間もそうであるというのと同じである［……］。そこで、ニンファは合一しようとして人間との愛を求める[*54]」。

ニンファの生はすべて、パラケルススによってウェヌスと愛のしるしのもとに置かれている。パラケルススはニンファの社会を「ウェヌスの山」と呼んでいる（「ウェヌスの山と呼ばれる集まり［……］一種のニンファが洞窟でおこなう集い（collectio et conversatio, quam Montem Veneris appellitant［...］congregatio quædam nympharum in antro［...］）」[*55]。ここに恋愛詩のトポスの最たるものの一つを認めずにいられようか?）。それは、じつはウェヌス自身がニンファ、ウンディーネに他ならないからである。序列では最高位にあり、死ぬ前にはニンファたちの女王であったとはいえ（パラケルススはここで彼なりに異教の神々の生き延びという問題と対決している）、ウェヌスはニンファにすぎない（「ウェヌスはニンファである。他のものたちより尊厳をもち上位にあるウンディーネであり、長きにわたって王国に君臨

*51 パラケルスス『ニンファ、シルフ、ピグミー、サラマンダーその他の精霊について』1, 2.
*52 「色情狂（nymphomania）」は文字どおりには「ニンファ狂い」。女性について言われる。
*53 パラケルスス『ニンファ、シルフ、ピグミー、サラマンダーその他の精霊について』3.
*54 パラケルスス『ニンファ、シルフ、ピグミー、サラマンダーその他の精霊について』3.
*55 パラケルスス『ニンファ、シルフ、ピグミー、サラマンダーその他の精霊について』4.「ウェヌスの山（mons veneris）」は現在では一般的に恥丘を指すが、もともとは既出の「ウェヌスの王国」があるとされる山。

していたが、ついに死去した(iam vero Venus Nympha est et undena, cæteris dignior et superior, quæ longo quidem tempore regnavit sed tandem vita functa est)[*56]」。

人間をこのように絶え間なく、愛をもって探し求めるべく断罪されているニンファは、この地上では裏の生活を営む。神に似せてではなく人間に似せて創造されたニンファは、一種の人間の影ないしイマゴをなす。そのようなものである以上、ニンファは自分がイメージであるところの当のものにつねに寄り添い、そのものをたえず欲望する(そして彼女のほうもそのものによって欲望される)。生きた霊魂をもたないイメージは、人間と出会うことではじめて霊魂を獲得し、本当に生き生きしたものとなる。「人間は神のイメージである、つまり神のイメージにしたがって作られたと言われるが、それと同じように、この人々は人間のイメージである、人間のイメージにしたがって作られたと言うことができる。人間は神に似せて作られているとはいえ神ではなく、ただそのイメージとして作られている。それと同じように、この人々は人間のイメージにしたがって作られているからといって人間であるわけではない。そうではなく、創造されたままの被造物であるにとどまる。それは人間が、神によって創造されたままにとどまるのと同じである[*57]」。

9

人間とニンファのあいだの両義的な関係の歴史は、人間と人間のイメージのあいだの困難な関係の歴史である。

ニンファを愛の対象の形象の最たるものとして発明したのはジョヴァンニ・ボッカッチョである。彼はここで、それをまるごと発明しているわけではない。そうではなく、つまり模倣的であるとともに厄除け的でもあるいつもながらの身振りにしたがって、ダンテ・アリギエーリや清新体派の構成単位を新たな環境へとずらして書き写している（その環境を私たちは「文学」という近代の用語を用いて定義づけることができるが、この用語はダンテやグイード・カヴァルカンティにカギ括弧なしで適用することはできないだろう）。このようにして、本質的に哲学的・神学的であるカテゴリーを世俗化することで、ボッカッチョは恋愛詩人の経験を秘教的なものとして遡及的に構成している（その経験は、それ自体としては秘教／顕教という対立には関わりがない）。次いで彼は、文学をこの謎めいた神学的背景に位置づけることで、その遺産をねじ曲げるとともに保存してもいる。いずれにせよ、「フィレンツェのニンファ」が少なくとも一三四一年以来、ボッカッチョの恋愛散文・恋愛詩の中心的形象であるのは確かである。これは彼が（ダンテの詩を明らかに暗示させつつ）[*58]『フィレンツェのニンファの喜劇』と題した作品を創作した年である。これは韻文と散文の入り混じった、短篇小説と三韻句詩の特異な混合物である。（ヴァールブルクは一九〇〇年に、ヨレスとの往復書簡を委ねたノートに「フィレンツェのニンフ

---

*56 パラケルスス『ニンファ、シルフ、ピグミー、サラマンダーその他の精霊について』4.
*57 パラケルスス『ニンファ、シルフ、ピグミー、サラマンダーその他の精霊について』1, 2.
*58 『フィレンツェのニンファの喜劇（Comedia delle ninfe fiorentine）』という題が『神曲（Divina comedia）』（もともとは『喜劇（Comedia）』とのみ呼ばれていた）の題を参照していることを指す。なお、ボッカッチョのこの作品は『アメートのニンファ物語（Ninfale d'Ameto）』とも呼ばれる。

ァ（Ninfa Fiorentina）」と見出しを付けてボッカッチョを慎ましく召喚しているが、知られているとおりボッカッチョはヨレスの非常にお気に入りの作家だった。）だがさらに『フィエーゾレのニンファ物語』や『牧歌』においても、そしてまた特別な意味では『コルバッチョ』においても、愛するということはニンファを愛するということを意味している。

愛の対象——ダンテがわずかな、とはいえ決定的ないくつかの箇所で（「第三書簡」、『牧歌』、そしてとくにニンファが地上の楽園と天井の楽園のあいだの一種の境界線をなしている「煉獄篇」において）[*59]「ニンファ」と呼んでいるもの——は、恋愛詩人においては、イメージないし幻想が可能的知性と交流する点を表象している。そのようなものである以上、それは愛する男と愛される女のあいだ、主体と対象のあいだの限界概念であるだけでなく、個々の生きものとしての人間と単一知性（ないしは思考、もしくは言語活動）のあいだの限界概念でもある。それに対してボッカッチョはこの哲学的・神学的な限界概念を、生と詩のあいだの関係というまったく近代的な問題を立てる場としている。つまりニンファとは、中世の心理学の「志向（intentio）」が文学的なしかたでほとんど具象化されたものなのである（ボッカッチョが、よく口にされる陰口にお墨つきを与えるふりをしつつ、ベアトリーチェをフィレンツェの少女へと変容させることができるのはそのためである）[*60]。ここで、一見すると互いに対立するものと思えるが、決定的に重要な二つのテクストがある。『デカメロン』第四日の序と『コルバッチョ』である。

『デカメロン』第四日の序でボッカッチョは、ムーサ（「私たちはムーサといっしょにいることはできないし、ムーサも私たちといっしょにいることはできない（né noi possiamo dimorar con le Muse né esse con essonoi)[*61]」）と女性との対立においては、この分裂の言い表しかたをぼかしてはいるものの、きっぱりと後者に与している（「ムーサは女性であって、女性はムーサと同じ価値はないけれども、一見したところはムーサに似ている（Le Muse son donne, e benché le donne quel che le Muse vagliono non vagliano, pure esse hanno nel primo aspetto simiglianza di quelle)[*62]」）。『コルバッチョ』ではこの選択が転倒されて、女性に対して残虐な批判がなされるとともに、「カスタリアのニンファたち（Ninfe Castalide)[*63]」との交際がもっぱら要求されている。「星も惑星もムーサも［……］よいものはすべて女性だ（tutte le buone cose son femine: le stelle, le pianete, le Muse [...])」と断言する女性たちに対して、ボッカッチョはがさつな写実主義でムーサと女性のあいだに癒しようもない句切りを開く。「それらはみな、たしかに女性だが、おしっこをしない（Egli è così vero che tutte son femine, ma non pisciano)[*64]」。専門家のいつもながらの近視眼は、この二つのテクストのあいだの矛盾を、時間の論理——つまりは作者の伝記——に投影し、老年の心変わりとして読解することで解決できると信じてきた。だが、そうではない。この揺れ動きはこの問題にとって内的なもので

＊59　以下を参照。ダンテ・アリギエーリ『書簡』3, 4. ダンテ『牧歌』2, 58. ダンテ『神曲』2, 29, 4 ; 2, 31, 106 ; 2, 32, 98.

＊60　以下を参照。ジョヴァンニ・ボッカッチョ『ダンテ讃美論』32. 以下も参照。Agamben, "Il sogno della lingua," in *Categorie italiane* (Venezia: Marsilio, 1996 [Roma: Laterza, 2010]), p. 58.〔「言語の夢」前木由紀訳、『イタリア的カテゴリー』（みすず書房、二〇一〇年）一〇七頁〕

＊61　ボッカッチョ『デカメロン』4, intro., 35.

＊62　ボッカッチョ『デカメロン』4, intro., 35.

＊63　ボッカッチョ『コルバッチョ』197.

＊64　ボッカッチョ『コルバッチョ』175.

あって、ボッカッチョのニンファのもつ本質的な両義性に対応している。ダンテや清新体派の恋愛理論は現実と想像のあいだの句切りを縫合しようとしていたが、それがここではまったく生のままであらためて提示されている。「ニンファ的」次元というのが、イメージ（「おしっこをしない」イメージ）が現実の女性と一致しなければならない詩的次元のことであるとすると、フィレンツェのニンファはつねにすでに、互いに対立する二つの極にしたがって分割されようとしているということになる。これらの極は一方ではあまりに生き生きとしており、他方では生きた霊魂をもっておらず、詩人はもはやニンファに統一的な生を授けることができない。恋愛詩人において可感的世界と思考との接合の可能性を保証していた想像力が、ここでは崇高な分裂ないし滑稽な分裂の場となっている。この場を占めるのが文学（そして後にはカントの崇高論）である。この意味で、近代文学は中世のイマゴの分裂から誕生している。

10

だとすると、パラケルススにおいてニンファが、血肉を備え、人間に似せて創造された、人間と一つになることでのみ霊魂を獲得できる被造物として提示されえているのも驚くにはあたらない。イメージとの愛に充ちた結合は完全な認識の象徴であるが、それがここにおいて、「食べたり飲んだりする」被造物へと変容したイマゴとの不可能な性的合一になる（どうすれば、ボッカッチョによるニンファームーサの生々しい特徴づけを思い出さずにいられようか？）。

想像力は中世哲学の発見したものである。想像力がその危機的境界線に至る――とともにその最もアポリアに充ちた定式化に至る――のはアヴェロエス〔イブン・ルシュド〕の思想においてである。じつのところ、スコラ学者たちの執拗な反駁をたえず惹き起こすアヴェロエス主義の中心的なアポリアは、他から分離されている単一の可能的知性と、個々の人との関係のうちにある。アヴェロエスによれば、個人が単一知性と「接合する（**copulatur**）」のは、内的感覚（とくに想像力と記憶）に見あたる幻想を通じてであるという。[*65] このようにして想像力は、あらゆる意味において決定的に重要な序列を受け取る。想像力は個人の霊魂の頂点、身体的なものと非身体的なものの境界、個人的なものと共同的なものの境界、感覚と思考の境界にあるものであって、それは、個人の実存が燃焼して、分離されたものと永遠のものの境界線に放棄される最後の燃え滓なのである。この意味で、ヒトという種を定義する原理は想像力である――のであって、知性がその原理なのではない。

それでも、この定義はアポリアに充ちている。というのも――トマス・アクィナスがアヴェロエス批判において執拗に反論し、もしアヴェロエスの説を受け容れるとすると個人は認識をすることができなくなると断言しているように[*66]――この定義は感覚と思考のあいだ、個人の複数性と知性の単一性のあいだに開かれる空虚のなかに想像力を位置させるものだからである。このことから――境界線や通路を捉

＊65　以下を参照。アヴェロエス『『霊魂論』大註解』3, 5. 以下も参照。Agamben, "Eros allo specchio," in *Stanze* (Torino: Einaudi, 1977 [2006]), p. 100.〔「鏡の前のエロス」、『スタンツェ』岡田温司訳（筑摩書房、二〇〇八年）一七八頁〕なお、「接合（copulatio）」には性的含意がある。

＊66　以下を参照。トマス・アクィナス『知性の単一性について』3, 62–65. 以下も参照。Agamben, "Eros allo specchio," pp. 101–102.〔「鏡の前のエロス」一七九―一八〇頁〕

えることが問題になるばあいの常であるが——中世の心理学においては感覚力、想像力、記憶力、物質的知性、後天的知性といった区別が目眩めくほどに増殖していくことになる。つまり、想像力によって輪郭を与えられる空間において、私たちはまだ思考をしていない。その空間において思考が可能になるのはただ、思考することができないという不可能性を通じてである。この不可能性のなかにこそ、恋愛詩人はアヴェロエス主義の心理学に対する註釈を位置づける。すなわち、幻想と可能的知性との「接合(copulatio)」は愛の経験であって、愛とは何よりもまずイマゴを愛するということである。そのイマゴとは、ある意味で非現実的な対象、そうである以上は苦悶(清新体派が「煩い(dottanza)」と呼ぶもの)[*67]と欠如の恐れにさらされている対象である。人間的なものの最後の一貫性をなすイメージ、人間的なものの救済のなかで唯一可能なものをなすイメージは、人間的なものがたえず人間的なもの自体に対して欠けているということの場でもある。

この背景にこそヴァールブルクの企図を位置づけるべきである。西洋の人間のイメージ——情念定型——を図像集——その名も「ムネーモシュネー」——に取り集めるという企図をである。ヴァールブルクのニンファはイメージの両義的な遺産を引き受けているが、それをまったく別の平面、歴史的・集団的な平面へとずらしている。すでにダンテは『帝政論』においてアヴェロエス主義の遺産を次のような意味に解釈していた。すなわち、人間が思考によってではなく思考することができるという可能性によって定義されるのだとするならば、その可能性は一個人によって実行されるのではなく、ただ空間・時間のなかにある「多数者(multitudo)」によってのみ実行される、つまり集団性・歴史という平面においてのみ実行されるというのである。[*68]ヴァールブルクにとっては、イメージについて仕事をするとはこの意味で、身体的なものと非身体的なものの交点において仕事をするというだけでなく、とりわけ、個人的なものと集団的なものの交点において仕事をするという意味をもっている。ニンファとはイメージのイメージである。それは人間が世代から世代へと伝達する情念定型の暗号であって、人間は、見いだされる可能性や見失われる可能性、思考する可能性や思考しない可能性をその暗号へと遺贈している。だが、歴史のあるすべてのものには生があるというベンヤミンの原理[*69]（この原理はここではイメージのあるすべてのものには生があると定式化しなおすことができるだろう）にしたがえば、イメージはあるしかたで生きている。私たちは生を生物学的な身体にのみ割り当てることに慣れている。それに対して、ニンファ的な生は純粋に歴史的な生である。パラケルススの四精霊と同じように、イメージは本当に生きるためには主体がそれを引き受けてそれと一つになるということを必要とする。だが、この出会いにおいては——ニンファ－ウンディーネとの合一においてそうであるように——命が危うくなる恐れがつ

*67 以下を参照。Agamben, "Narciso e Pigmalione," in *Stanze*, p. 74.〔「ナルキッソスとピュグマリオン」、『スタンツェ』一三二頁〕

*68 以下を参照。ダンテ『帝政論』1, 3. 以下も参照。Agamben, "Forma-di-vita," in *Mezzi senza fine*, p. 19.〔「〈生の形式〉」、『人権の彼方に』二〇頁〕Agamben, "L'opera dell'uomo," in *La potenza del pensiero*, p. 373.〔「人間の働き」、『思考の潜勢力』四五四―四五五頁〕Agamben, "Archeologia della gloria," in *Il regno e la gloria* (Vicenza: Neri Pozza, 2007〔Torino: Bollati Boringhieri, 2009〕), pp. 269–270.〔「栄光の考古学」、『王国と栄光』高桑和巳訳（青土社、二〇一〇年）四六二―四六三頁〕

*69 以下を参照。Benjamin, "Die Aufgabe des Übersetzers," in *Gesammelte Schriften*, 4-1, ed. Tiedemann *et al.* (Frankfurt am Main: Suhrkamp, 1972), p. 11.〔「翻訳者の使命」内村博信訳、『ベンヤミン・コレクション』第二巻（筑摩書房、一九九六年）三九二頁〕

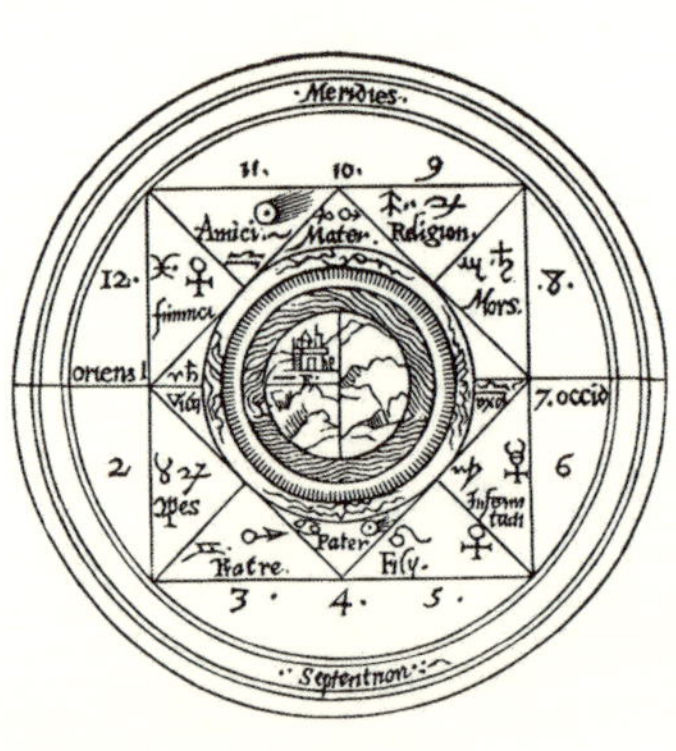

図8　ジョルダーノ・ブルーノ『イデアの影』(1582年)に見られる印章

きものである。じつのところ、歴史的伝承の最中にイメージは結晶化して亡霊に変容し、人間はその奴隷となる。その亡霊から人間をつねに、あらためて解放してやる必要がある。占星術的イメージに対するヴァールブルクの関心は、「空の観察は人間の恩寵にして呪いである」[*70]という意識、天の圏域は人間がイメージに対する自分の情念を投影する場であるという意識に根ざしている。彼がスキファノイア宮のフレスコ画に見て取った謎めいた占星術の十分角(デカン)「黒い男(vir niger)」にとってそうであるのと同じように[*71]、本質的なのは、緊張を負荷として帯びている力動図との出会いにおいてその負荷を宙吊りにしたり反転させたりする能力、運命を幸運へと変容させる能力である。天空の星の配置はこの意味で、かつて一度も書かれたことのないものを想像力が読み取る当の原典なのである。

死のわずか数ヶ月前にカール・フォスラーに宛てて送った手紙で、ヴァールブルクは自分の図像集のプログラムを「人間のイメージ記憶の理論(Theorie des menschlichen Bildgedächtnisses)[*72]」と定式化しなおし、それをジョルダーノ・ブルーノの思想と関係づけている。「おわかりになるだろうが、私はある人物にこの四十年にわたって魅了されてきたが、これまで彼と関係をもたずにきた。だが、彼と関係をもつという可能性をけっして逃してはならない。私の見るかぎりでは、彼は正当に精神史のなかに位置づけられたことがない。ジョルダーノ・ブルーノのことである」[73]。

ここでヴァールブルクが図像集との関係において参照しているブルーノは、『イデアの影』のような魔術的・記憶術的論考の作者としてのブルーノ以外ではありえない。面白いのは、ブルーノがこの本のなかに挿入した印章が占星術の出生図の形をしているということにフランセス・イェイツが『記憶術』で気づいていないということである[74]。この、彼の研究の特権的対象の一つとの類似はヴァールブルクを驚かせずにはいなかった。マルティン・ルターの時代の占いに関する研究において、彼はこれとほとん

---

*70 Warburg, "Bilder aus dem Gebiet der Pueblo-Indianer in Nord-Amerika," in *Werke in einem Band*, p. 537.〔『ヴァールブルク著作集』第七巻（『蛇儀礼』）加藤哲弘訳（ありな書房、二〇〇三年）三〇頁〕

*71 以下を参照。Warburg, "Italienische Kunst und internationale Astrologie im Palazzo Schifanoja zu Ferrara," in *Gesammelte Schriften*, 1-2, p. 468.〔「フェッラーラのスキファノイア宮におけるイタリア美術と国際的占星術」伊藤博明訳、『ヴァールブルク著作集』第五巻（ありな書房、二〇〇三年）五九頁、六二頁〕以下も参照。Agamben, "Aby Warburg e la scienza senza nome," pp. 138–139.〔「アビ・ヴァールブルクと名のない学」一六七―一六八頁〕Agamben, "Teoria delle segnature," pp. 55–56.〔「しるしの理論」八四―八五頁〕

*72 Warburg, letter to Karl Vossler, October 12, 1929［WIA, GC 24737］.

*73 Warburg, letter to Karl Vossler, October 12, 1929.

*74 以下を参照。Jordanus Brunus Nolanus［Giordano Bruno］, *De umbris idearum*, in *Opera latine conscripta*, 2-1, ed. Vittorio Imbriani（Napoli: Morano, 1886）, pp. 154, 172. 以下も参照。Frances Yates, "Giordano Bruno: The Secret of *Shadows*," in *The Art of Memory*（London: Routledge & Kegan Paul, 1966）, pp. 197–227.〔「ジョルダーノ・ブルーノ『影』の秘術」、『記憶術』玉泉八州男ほか訳（水声社、一九九三年）二三五―二七一頁〕

ど同じ出生図を図版として載せている。[*75] ヴァールブルクがブルーノから抽き出している教訓は、記憶を支配する術――ヴァールブルクのばあいは人間の「イメージ記憶（Bildgedächtnis）」の機能を図像集を通じて理解しようとする試み――が運命への人間の服従を表現しているイメージと関わりをもっているということである。図像集（アトラス）とは、人間を自分の想像力の分裂病に抗する闘争へと向かわせずにはおかない地図なのである。神話の英雄アトラス（ダヴィデ・スティミッリはこの形象がヴァールブルクにとってもっている重要性を思い出させている[*76]）が肩で支えている宇宙は「イメージの世界（mundus imaginalis）[*77]」である。「本当の大人のための幽霊物語[*78]」という図像集の定義はここにその最終的な意味を見いだす。人間の歴史はつねに幻想とイメージの歴史である。というのも、個人的なものと非人称的なもののあいだ、多数のものと単一のもののあいだ、可感的なものと可知的なもののあいだの分裂が起こるのは想像力においてだからである。そして、その弁証法的な再構成の努めもまた想像力において起こる。イメージとは、私たちに先立つ人間たちが希望・欲望・恐怖・抑圧したものの残り、痕跡なのである。歴史といったものが可能になったのは想像力においてである。したがって、歴史は想像力を通じてこそ、そのつど新たに決定しなければならない。

ヴァールブルクの歴史記述は（ヨレスは一九二五年のすばらしい論文においてクリオーとメルポメネーの見分けがつかないと示唆しているが[*79]、この両者の見分けのつかなさにしたがって、きわめて詩に近いものとなっている）イメージの伝承・記憶であるが、それはまた人間がイメージから自らを解放しようとしておこなう試みでもある。それは、神話的・宗教的な実践と純粋な記号とのあいだの「合い間」を超えたその先に、もはやイメージのない想像力の空間を開こうとしておこなう試みである。この意味で、「ムネーモシュネー」という題名はイメージのなさを名指している。そのイメージのなさとは、あらゆるイメージに暇（いとま）を出すことである——それはあらゆるイメージの逃げ場である。[*80]

---

*75　以下を参照。Warburg, "Heidnisch-antike Weissagung in Wort und Bild zu Luthers Zeiten," in *Gesammelte Schriften*, 1-2, figures 122–124, 129, 139.〔「ルターの時代の言葉と図像における異教的 - 古代的予言」富松保文訳、『ヴァールブルク著作集』第六巻（ありな書房、二〇〇六年）二二—二三頁、二七頁、三二頁〕

*76　以下を参照。Davide Stimilli, "L'impresa di Warburg," *Aut aut*, no. 321/322 (Milano: Il Saggiatore, 2004), pp. 97–116.

*77　以下を参照。Henry Corbin, *Mundus imaginalis*, trans. Ruth Horine（Ipswich: Golgonooza Press, 1976）.

*78　Warburg, "Grundbegriffe 2," July 2, 1929［WIA, III.102.4］, p. 3. 以下も参照。Gombrich, *Aby Warburg*, p. 287.〔『アビ・ヴァールブルク伝』三一三頁〕

*79　以下を参照。André Jolles, "Clio en Melpomene," *De Gids*, 89, no. 3（Amsterdam: P. N. van Kampen & Zoon, 1925）, pp. 386–400. なお、クリオーとメルポメネーは両方ともムーサ。前者は歴史を、後者は悲劇を司る。ムネーモシュネーは両者の母にあたり、記憶を司る。

*80　以下を参照。Benjamin, "Zu nahe," in *Gesammelte Schriften*, 4-1, ed. Tillman Rexroth（Frankfurt am Main: Suhrkamp, 1972）, p. 370.〔「あまりにも近すぎて」浅井健二郎訳、『ベンヤミン・コレクション』第六巻（筑摩書房、二〇一二年）一六九頁〕

II　イメージについて

映画の一倫理のために（一九九二年）

1　タイプ

ヴァルター・ベンヤミンは、パリで亡命生活を送った晩年にフランス語で書いた「ボードレール『パリ風景』についての覚え書き」において、近代都市の群衆を経験しえた者なら誰にでもなじみのある「悪夢」を呼び起こしている。「〔……〕〔悪夢として〕目にするのは、判然とした特徴の数々が、はじめはしかじかの人物の単一性や厳密な個性を保証するものと思われるのに、それらの特徴が新たな一つのタイプの構成要素であるということが明らかになり、その新たなタイプが新たな一つの下位区分を打ちたてる、ということである［……］。このようにしてつねに同一なものとしての増殖において提示される個人は、いかに常軌を逸した独特性を働かせたとしてももはやタイプの魔法円を断ち切ることができないということから都市生活者の感ずる不安を示唆している」[*1]。

このベンヤミンの叙述を正確なものと見なし、近代人は今や決定的に「タイプの魔法円」の中に入ってしまっているという診断を受け容れるならば、私たちは次のような帰結を避けることはできない。ここには他ならぬヒトという種の個体化原則に関わる本質的な変異が含意されているという帰結である。類から個体へとなされる個体化がいわば宙吊りのままとなり、かつてホモ・サピエンスという種に属するそれぞれの個体を構成していた存在が、今や、ある不分明な地帯のただなかに浮いてしまっている。それは普遍的でも単一的でもない地帯、タイプに固有の領域である。タイプは単なる一般性へと縮減されることからも、何らかの規定の欠如を被ることからもほど遠く、ある完全に規定された存在として自らを提示する。その存在はベンヤミンの分析のとおりに一挙に規定を失い、タイプを同定する諸特徴自体によってしかじかの一連のものの原則になる。

じつを言えば、それ以来この変容は私たちにとってあまりになじみのものとなっているので、私たちはもはやその変容を変容であると認識することもできなくなっているほどである。広告、ポルノ、テレビが私たちをあれらの変異体に慣れさせせてしまってすでに久しい。個体と集合のあいだで終わりなくためらい、最も特徴的な固有表現でさえも一連の煙となって消え去ってしまうあれらの変異体のことである。ビールを一杯飲みながら私たちに微笑みかける若い女性、浜辺を走りながらかくも悪戯っぽく腰をくねらせる別の女性。彼女たちは、中世神学の天使たちと同じように（天使はそれぞれが個別に一つの種を構成している)、単独物と複製物の区別を逃れるあの民に属している。[*2] 彼女たちが私たちに対して行使する魅惑の力は、その大部分をあの能力(まさしく「天使的」な能力)に負っている。もっぱら自分に属すると思われるもの自体によって自らをタイプ化するという能力、自らをクローン化して新たな単独の模範例と混ざりあう——それも、そのつど余すところなく混ざりあう——という能力である。一連のものとしてしかじかを再生産することの原則となった排他的性格、これがタイプの定義である(この定義は同時に、タイプと商品の近しさをも剝き出しにする)。じじつ、この手続きの認識は、記憶のおよばないほど古くから存在する。この認識は、女性が自分の誘惑の力を引き出す、最も古くからある便法——化粧と流行——の基礎にあるものである。化粧と流行はいずれも、個人の身体のいわく言いがたい単一性を包囲し、それによって個人の身体の単一的な諸特徴を一連のものを生む原則へと変容させる(ボードレールにとって、化粧は「肌のきめと色のなかに抽象的な統一性を創造する[……]。その統一性は、タイツ着によって生み出されるそれのように、人間存在をただちに彫像へと、つまり神的な上位の存在へと近づける[……][*3]」)。これらの手段を通じて人間が繕おうとする不安は、人間が最も古くからもっている不安かもしれない。その不安とは、生きているもののもつ取り返しのつかない単一性によって惹き起こされる恐怖のことである。

*1 Walter Benjamin, "Notes sur les Tableaux parisiens de Baudelaire," in *Gesammelte Schriften*, 1-2, ed. Rolf Tiedemann *et al.* (Frankfurt am Main: Suhrkamp, 1974), p. 747.

*2 以下を参照。Giorgio Agamben, "*Collants Dim*," in *La comunità che viene* (Torino: Einaudi, 1990 [Torino: Bollati Boringhieri, 2001]), pp. 41-44.〔「ディム・ストッキング」、『到来する共同体』上村忠男訳(月曜社、二〇一二年)六二—六八頁〕

2　ペルソナ

それ以来つねに、類と個体のあいだの中間的な被造物が動いている圏域が存在している。その圏域とは演劇のことである。その中間的な被造物、雑種的な存在というのは演劇に登場する人物のことである。演劇の人物は、骨肉を備えた個人——俳優——と作家の書いた役との出会いから結果として生ずる。このような出逢いが俳優にとって並外れた変異を含意するものだということは、自分の役を引き受けるために俳優が従わなければならない儀礼を見ればわかる。通常、俳優は「仮面（persona）」を着ける。これは、個人の実存の転変を免れた上位の生への移行のしるしとなる。この対比は、舞台に上がる前に自分自身の人格を完全に剝ぎ取ることを俳優に課すしかじかの伝統にあってはさらにいちじるしい。アルトーをかくも魅了したバリ演劇には、ルパという名で知られるそのようなトランス状態が見られる。

西洋の倫理を打ちたてたストア派は、皮肉にも、俳優をモデルとして自分たちの道徳のパラダイムを作りあげた。これは偶然のことではない。自分の役に同一化してしまわないまま、にもかかわらずその役を徹底的に忠実に演ずることを受け容れる俳優の態度こそ、彼らの目には模範的な態度として映った。このようにして、単一的なものは自分を仮面から分離し、仮面を外して自分自身が人格になりはじめる。[*4]

しかしながら、この出逢いから、人物とは異なる何か、まったく異なる倫理を求める何かが噴き出すこともありうる。たとえば、コンメディア・デッラルテにおいては仮面はもはや、俳優の入りこむ上位の圏域を運ぶためのものではない。そうではなく、むしろ仮面は、そして筋書きは、俳優を第三の次元へと喚び出すものである。その次元を通じて、現実の生と演劇の舞台との相互浸透がおこなわれる。アルレッキーノ、プルチネッラ、パンタローネ、ベルトラーメは、下位をなす人物ではなく、そのそれぞれが、俳優の同一性の破壊と役の破壊がともにおこなわれる「生の経験（experimentum vitæ）」のようなものである。このような使用によって、テクストと上演の関係自体、潜在的なものと現実的なものの関係自体があらためて問いただされる。一方と他方のあいだに、伝統的な倫理の分類を逃れる、潜勢力と現勢力の混ざりものが第三者として入りこむ。[*5]

演劇と現実のあいだのこの伝染を最もよく描き出しているのは、現実の名と仮面の名を一つに結びつ

＊3 Charles Baudelaire, *Le peintre de la vie moderne*, in *Œuvres complètes*, 2, ed. Claude Pichois (Paris: Gallimard, 1976), p. 717.〔「現代生活の画家」、『ボードレール全集』第四巻、阿部良雄訳（筑摩書房、一九八七年）一七四頁〕以下も参照。Agamben, "Baudelaire o la merce assoluta," in *Stanze* (Torino: Einaudi, 1977 [2006]), p. 54.〔「ボードレール、あるいは絶対商品」、『スタンツェ』岡田温司訳（筑摩書房、二〇〇八年）九六頁〕

＊4 「人格」を指す単語「persona」は、既述のとおりもともとは「仮面」を指す。後出のギリシア語「prosōpon」も同様で、いずれも後に宗教上の「位格」を指す。以下も参照。Agamben, "Comedia," in *Categorie italiane* (Venezia: Marsilio, 1996 [Roma: Laterza, 2010]), pp. 21–23.〔「喜劇」多賀健太郎訳、『イタリア的カテゴリー』（みすず書房、二〇一〇年）三八―四二頁〕Agamben, "Il 'musulmano'," in *Quel che resta di Auschwitz* (Torino: Bollati Boringhieri, 1998), pp. 47–49.〔「回教徒」」、『アウシュヴィッツの残りのもの』上村忠男ほか訳（月曜社、二〇〇一年）六七―六九頁〕Agamben, "Identità senza persona," in *Nudità* (Roma: Nottetempo, 2009), pp. 72–74.〔「ペルソナなきアイデンティティ」、『裸性』岡田温司ほか訳（平凡社、二〇一二年）八三―八五頁〕

ける役者の署名のしかたである。ニッコロ・バルビエーリ、又の名をベルトラーメ。ドメニコ・ビアンコレッリ、又の名をアルレッキーノ。マリオ・チェッキーニ、又の名をフリテッリーノ——これではもはや、仮面の名が単に役者の芸名ではないかどうかもよくわからない（「フランソワ－ジョゼフ・タルマ、又の名をオイディプス」とか「エレオノーラ・ドゥーゼ、又の名をノラ」とかいう表現の莫迦莫迦しさのことを考えてみればよい）。

近代演劇がコンメディア・デッラルテの俳優たちから距離を取る（彼らの教訓を考慮に入れなかったわけではないが）必要を感じたのも驚くべきことではない。コンメディア・デッラルテの俳優の身体は、その後二世紀を経てはじめて完了することになる不安に充ちた預言の場なのだった。

3 ディーヴォ

映画は、タイプへと向かう個体化原則の進化がすでに進んだ段階にあった時代に生まれたが、この映画とともに何が起こるのか？　映画と演劇を類比してみることは、私たちを誤りに導くものではないにちがいない。舞台と映画のセットは一見すると隣接しているようだが、にもかかわらず映画は、自分の身体を言語的な人物に貸し出すような俳優を働かせることがまったくない。映画がおこなうのは、さまざまに異なる緊張の度合いのみを、ある階梯を通じて働かせるということである。その階梯の頂点は、映画にしか存在しないあの逆説的な存在、つまりディーヴォ、スターに他ならない。イタリア語とアメリカ語におけるこの用語（神の圏域、ないし星の圏域を参照させる用語）は偶然のものではない。[*6] というのは、ディーヴォとディーヴォの演ずる人物のあいだの関係は、俳優と俳優の演ずる役のあいだの関係を思わせるというより、神（もしくは半神）が自分の登場する神話とのあいだにもつ関係のことを思わせるからである。人物のほうがディーヴォの身振りを受肉させるべく発明されるのであって、演劇におけるようにその逆であるのではない。スターは神話的な実存を生きているのであって、その実存は、スターの手先となる心身を備えた同名の個人の実存でもなければ、スターの登場するフィルムの実存でもない。個体化原則の観点からするとそのありかたはさらに逆説的である。「ゲイリー・クーパー」や「マルレーネ・ディートリヒ」は個体ではない。集合論であればそれを、要素を一つしか含まない集合（単集合）として、あるいはそれ自体に属する集合（a∈a）として叙述するところである。個体は天使とともに種をなす。タイプとしてのタイプはディーヴォとともに個体をなし、タイプ、もしくは自らの模範例となる。[*7]

＊5 以下を参照。Agamben, "Glosse in margine ai *Commentari sulla società dello spettacolo*," in *Mezzi senza fine* (Torino: Bollati Boringhieri, 1996), p. 65.〔「『スペクタクルの社会に関する注解』の余白に寄せる注釈」、『人権の彼方に』高桑和巳訳（以文社、二〇〇〇年）八二頁〕

＊6 「ディーヴォ（divo）」はラテン語「divus（神的な者）」を語源とする。もともとは死後に神格化された皇帝などを指したが、現代では映画をはじめとするスペクタクルによって非常に有名になった人物（要するにスター）を指す。なお、英語で「スター（star）」は言うまでもなく星を指す。

＊7 以下を参照。Agamben, "Esempio," in *La comunità che viene*, pp. 13–14.〔「見本」、『到来する共同体』一六―二〇頁〕

本来の意味での俳優が映画にはないのと同じように、映画は人物を提示することもない（というより、少なくとも、演劇の伝統のエートスの数々に類するようなエートスは提示しない）。それは、映画の「人物」と俳優を現実に区別することは不可能であるということによって証明されるとおりである。オイディプスやハムレットが、かわるがわる人格を貸し出す個人から独立して存在しているのに対して、『哀愁の湖』のエレン・ベレントや『アーカディン　秘密調査報告書』のグレゴリー・アーカディンは、ジーン・ティアニーやオーソン・ウェルズから分離することができない（いかなる異議も出ないようにこのことを証明するには、以下の平凡な考察をおこなえば足りる。すなわち、リメイクは同一のテクストの別ヴァージョンでしかないのではない。それはまた別のフィルムである）。言い換えれば、個人の意識と人物とがいっしょに捉えられて、単一的な経験と集団的な経験が混ざりあう一地域へと移送されるということである。タイプはその内実のうちに、商品の抽象と商品の反復可能性とを実現していた。それと同じように、ディーヴォはカール・マルクスのいう「類的存在」[*8]をパロディ的に実現したようなものを構成する。そこにおいては個人の実践が即座にその類と一致する。

以上の考察は、演劇と哲学がかくも重要性をもっている西洋文化の継承者たちが映画に多大な関心を寄せているのがなぜかを私たちに理解させるのに貢献してくれるかもしれない。というのは、ここにかかっているものは、かつてギリシア演劇においてそうであったように、おそらくは私たちの形而上学の伝統の決定的な結び目に抵触しているからである。その結び目とはつまり人間の実存の存在論的整合性、その存在様態、つまりまさに、単一的な身体が言語活動という類的な潜勢力を引き受けるしかたのことである。だからこそ、キリスト教神学は三位性の存在論という問題に哲学的な定式化を与えようと試みたとき、演劇用語に依拠してはじめてこの問題を措定することができた。この問題は、実体と「位格(prosōpon)」[仮面]の分節化としてはじめて構想されえた。

したがって、存在様態の変異というこの歴史の極相が私たちを美的圏域のはるか彼方に導きえたということ、ディーヴォの実存が現代の最も強力な集団的熱望であったし今もそうであるのかもしれないということ、このことは奇妙なことではない。

映画の終わりは、現存在の最後の形而上学的冒険の弔鐘をまさしく鳴らしている。私たちの目にしている映画以降の世界の黎明のうちにあって、今や形而上学的なあらゆる位格を奪われ、あらゆる神学的モデルを欠いた人間の準実存は、自らの整合性を他の場に求めなければならなくなる。他の場とはおそらく倫理的・演劇的な人格の彼方だが、それはまた、タイプの拝金主義的な一連性や、神的なスターの単集合的存在の彼方でもある。

＊8　以下を参照。Karl Marx, *Ökonomisch-philosophische Manuskripte* (Erste Wiedergabe), in Marx & Friedrich Engels, *Gesamtausgabe*, 1-2, ed. Institut für Marxismus-Leninismus (Berlin: Dietz, 1982), pp. 239–242.〔『経済学・哲学草稿』村岡晋一訳、『マルクス・コレクション』第一巻(筑摩書房、二〇〇五年)三一五—三一九頁〕以下も参照。Agamben, "Poiesis e praxis," in *L'uomo senza contenuto* (Milano: Rizzoli, 1970 [Macerata: Quodlibet, 1994]), pp. 118–122.〔「ポイエーシスとプラクシス」多賀健太郎訳、『中味のない人間』(人文書院、二〇〇二年)一一七—一二〇頁〕Agamben, "Glosse in margine ai *Commentari sulla società dello spettacolo*," p. 69.〔「『スペクタクルの社会に関する注解』の余白に寄せる注釈」八七頁〕Agamben, "Note sulla politica," in *Mezzi senza fine*, p. 92.〔「政治についての覚え書き」、『人権の彼方に』一一二頁〕Agamben, "L'opera dell'uomo," in *La potenza del pensiero* (Vicenza: Neri Pozza, 2005), p. 371.〔「人間の働き」、『思考の潜勢力』高桑和巳訳(月曜社、二〇〇九年)四五二頁〕

ギー・ドゥボールの映画（一九九五年）

私のここでのねらいは、映画という領域におけるギー・ドゥボールの制作術の、というよりむしろ創作技術の、いくつかの局面を定義づけることである。私はここで「映画作品」という定式を故意に避けているが、それは彼自身がこの表現は自分のやっていることを指すには役に立たないと言って排除しているからである。『夜は廻るよ、確かに火に化した』（一九七八年）で彼は次のように書いている。「自分の人生の歴史を考察すると、映画作品と呼ばれているものを私は作ることができなかった」[*1]。そもそも私は、ドゥボールのばあいに作品という概念は有用ではないと思っているが、それだけでなく、文学作品であれ映画作品であれ何であれ、作品と呼ばれるものを今日分析しようと思うならば、作品という そのありかた自体をそのつど問いたださなければならないのではないかとも思っている。作品を作品のまま問いに付すというのではなく、その代わりに、人のなしえたことと実際になされたことのあいだにどのような関係があるのかと問う必要があると思うのである。私はドゥボールを哲学者だと考えようとしたことがあるが（今も私はそう考えようとしているが）、そのとき彼は私に次のように言った。「私は哲学者ではない。兵法家である」。彼は、自分の時代を絶え間ない戦争として見ていた。その戦争にあって彼の生は一つの戦略にまるごと関わっているというのだった。だから私は、この戦略において映画のもつ意味とはどのようなものなのかと問わなければならないと考える。それがたとえば、イジドール・イズーやシチュアシオニストたちにとってあれほどに重要だった詩であったり、ドゥボールのまた別の友人アスガー・ヨルンにとって重要だった絵画であったりするのではなく、映画であるのはなぜなのか？

思うに、このことは映画と歴史の緊密な結びつきに関係している。この結びつきは何に由来するのか？　歴史といっても、それはどのような歴史なのか？

図９　ギー・ドゥボール監督『夜は廻るよ、確かに火に化した』（1978 年）

＊１　Guy Debord, *In girum imus nocte et consumimur igni*, in *Œuvres cinématographiques complètes* (Paris: Gallimard, 1994), pp. 217–218.〔「われわれは夜に彷徨い歩こう、そしてすべてが火で焼き尽くされんことを」、『映画に反対して』下巻、木下誠訳（現代思潮社、一九九九年）七三頁〕なお、アガンベンはわずかに変更を加えている。原文には「……私は作ることができないということが自分でよくわかる」とある。

このことは、イメージのもつ特有の機能、イメージのもつすぐれて歴史的な性格に関係している。ここで私はいくつかの重要な細部をはっきりさせておかなければならない。人間はイメージとしてのイメージに関心をもつ唯一の存在である。動物はイメージに非常な関心を示しはするが、それはイメージに騙されているかぎりでのことである。魚の雄に雌のイメージを見せることはできる。すると雄は精子を放出する。また、ある鳥に他の鳥のイメージを見せて罠にかけることもできる。鳥はイメージに騙される。しかし動物は、それがイメージであることがわかると、イメージに対する関心を全面的に失ってしまう。それに対して人間は、ひとたびイメージがイメージだと認めると関心をもつ動物である。人間が絵画に関心をもち、映画に行くのはそのためである。私たちの特有の観点から人間を定義するならば、人間とは映画に行く動物である、とでもなるだろう。人間は、ひとたびそれが本当の存在ではないと認めると、イメージに関心を持つ。もう一点は、ジル・ドゥルーズが示したように、映画におけるイメージは（いや、それだけでなく、近代におけるイメージ一般は）もはや不動な何かではない、もはや原型ではない、つまりもはや歴史外の何かではないということである。それは、それ自体が動的であるカット、運動イメージである。[*2] それはイメージ自体として力動的な緊張の負荷を帯びたイメージである。この力動的な負荷は、映画の起源となったエティエンヌ－ジュール・マレーやエドワード・マイブリッジの写真によく見られるものである。それらは、運動の負荷を帯びたイメージである。ヴァルター・ベンヤミンが弁証法的イメージと呼ぶものに見ていたのはこのたぐいの負荷であり、彼にとってはこれこそが歴史的経験の境位そのものだった。[*3] 歴史的経験はイメージによって作られる。また、イメージはそれ自体、歴史の負荷を帯びている。絵画に対する私たちの関係をこのような局面から考察することもできるだろう。すなわち、絵画は不動のイメージではなく、運動の負荷を帯びた一コマ一コマの写真であって、それは私たちの手にしていないフィルムから取られたものだということである。絵画をこのフィルムへと返してやらなければならない（ここにアビ・ヴァールブルクのプロジェクトをお認めになることだろう）。[*4]

しかし、それはどのような歴史なのか？　はっきりさせておかなければならないが、それは時間順の歴史ではなく、まさしくメシア的な歴史である。メシア的な歴史は何よりもまず、二つの性格によって定義づけられる。まず、それは救済の歴史である。つまり何かを救済するのでなければならない。そして、それは最後の歴史である。つまり、それは終末論的な歴史である。その歴史においては何かが完了して裁かれるのでなければならず、ここでその何かが起こるのでなければならない。だが、それは別の時間において起こるのでなければならない。つまり、どこか他の場へと脱してしまうことのないままに、時間順を免れるのでなければならない。メシア的な歴史が計算不可能だというのはこの理由による。ユ

---

*2　以下を参照。Gilles Deleuze, "Image-mouvement et ses trois variétés," in *Cinéma*, 1 (Paris: Minuit, 1983), pp. 83–103.〔「運動イメージとその三つの種類」齋藤範訳、『シネマ』第一巻（法政大学出版局、二〇〇八年）一〇一―一二六頁〕以下も参照。Giorgio Agamben, "Note sul gesto," in *Mezzi senza fine* (Torino: Bollati Boringhieri, 1996), p. 49.〔「身振りについての覚え書き」、『人権の彼方に』高桑和巳訳（以文社、二〇〇〇年）六〇頁〕

*3　本書「ニンファ」註＊27を参照。

*4　ヴァールブルク晩年の図像集プロジェクト「ムネーモシュネー」を指す。本書「ニンファ」第3節を参照。

ダヤの伝統には計算に関する一大アイロニーがある。ラビたちは非常に複雑な計算をしてメシアの到着の日を予見しようとするが、これは禁じられた計算なのだと彼らはたえず繰り返していた。メシアの到着は計算不可能だからというのである。しかしそれと同時に、それぞれの歴史的瞬間はメシアの到着の瞬間でもある。メシアはつねにすでに到着しており、つねにすでにそこにいる。各瞬間に、各々のイメージが歴史の負荷を帯びている。というのは、イメージとはメシアが入ってくる小さな扉のことだからである。[*5] ドゥボールが『映画史』のジャン＝リュック・ゴダールと共有しているのが、映画のこのメシア的状況である。二人は長年にわたって敵対関係にあったが――ドゥボールは一九六八年にはゴダールのことを、親中派スイス人のなかで一番の莫迦野郎だと言っていた[*6]――、にもかかわらずゴダールは、ドゥボールがはじめてたどってみせたのと同じパラダイムをあらためて見いだした。そのパラダイム、その創作技術とはどのようなものか？　ゴダールの『映画史』についてセルジュ・ダネーは、それはモンタージュであると説明した。「映画はただ一つのものを探し求めた。モンタージュである。これこそ、二十世紀の人間が怖ろしいまでに必要としたものだった[*7]」。ゴダールが『映画史』で示しているのはこのことである。

映画に最も固有な性格とはモンタージュである。しかし、モンタージュとは何か？　いやむしろ、モンタージュの可能性の条件とはどのようなものか？　哲学においては、イマヌエル・カント以来、これこれのものの可能性の条件は超越論的なものと呼ばれる。だとすれば、モンタージュの超越論的なものとはどのようなものか？　モンタージュの超越論的条件は二つある。反復と停止である。これはドゥボールの発明したものではないが、彼はこれを明るみに出し、この二つの超越論的なものをそのものとしてあらわにした。後にゴダールも『映画史』で同じことをすることになる。人はもはや撮影する必要がない。人は反復と停止しかしないことになる。ここにあるのは映画史に対する新たな、一つの画期的な形式である。私はロカルノで一九九五年にこの現象に非常に驚かされた。[*8] 創作技術は変化していなかった。それはあいかわらずモンタージュだった。しかし、今やモンタージュが前面に出てきて、モンタージュがそのまま示されている。ドキュメンタリーと語り、現実と虚構といった、あらゆるジャンルが一つになろうとする、差異のなくなる地帯へと映画が入っていくと考えることができるのはそのためであ

---

*5 以下を参照。Walter Benjamin, "Über den Begriff der Geschichte," in *Gesammelte Schriften*, 1-2, ed. Rolf Tiedemann *et al.* (Frankfurt am Main: Suhrkamp, 1974), p. 704 [Anhang B].〔「歴史の概念について」浅井健二郎訳、『ベンヤミン・コレクション』第一巻（筑摩書房、一九九五年）六六五頁〕

*6 「六八年五月」当時にソルボンヌ（パリ大学）に書かれた、匿名の（おそらくはシチュアシオニストによる）落書きを指している。たとえば以下を参照。Yves Pagès, ed., *Sorbonne 68: Graffiti* (Paris: Verticales, 1998 [Paris: Gallimard, 2008]), pp. 43, 49. なお、これはシチュアシオニスト自身によって前年になされたゴダールの形容「新中派スイス人のなかで一番有名な者」をもじっている。以下を参照。René Viénet, "Les situationnistes et les nouvelles formes d'action contre la politique et l'art," *Internationale situationniste*, no. 11 (Paris: Internationale situationniste, October 1967), p. 35.〔「シチュアシオニストと政治および芸術に反対する新しい行動形態」永盛克也訳、『アンテルナシオナル・シチュアシオニスト』第五巻（インパクト出版会、一九九八年）三六七—三六八頁〕

*7 Serge Daney, "Godard fait des histoires," *Libération*, no. 2364 (Paris: Libération, December 26, 1988), p. 24.

*8 一九九五年のロカルノ国際映画祭でゴダール『映画史』の「3A」「3B」の最初のヴァージョンが上映されたことを指す。そのときのアガンベンの発表は以下。Agamben, "[no title]," *Le monde*, no. 15768 (Paris: Le monde, October 6, 1995), extra (*Le monde des livres*), p. xi.

る。映画が、映画のイメージから出発して作られる。

映画の可能性の条件である反復と停止に戻ろう。反復とは何か？　近代には反復の四大哲学者がいる。セーレン・キェルケゴール、フリードリヒ・ニーチェ、マルティン・ハイデガー、そしてドゥルーズである。彼らは四人とも、反復とは同一的なものの回帰ではないということ、同じものが同じものとして戻ってくるということではないということを示した。反復の力と恩寵、反復のもたらす新しさとは、かつてあったものが可能性において回帰するということである。反復はかつてあったものの可能性を回復し、かつてあったものを新たに可能なものにする。これこれのものを反復するとは、それを新たに可能なものにするということである。反復と記憶の近さはここにある。というのは記憶もまた、かつてあったものをかつてあったままに私たちに取り戻すということはできないからである。そのようなことになったならば、それは地獄である。記憶は過去に対して、過去の可能性を回復する。回想は完了しなかったものを完了したものにし、完了したものを完了しなかったものにするとベンヤミンは言うが、そのとき彼が記憶に見ていたものこそこの神学的経験の意味である。[＊9] いわば、記憶とは現実的なものをモーダル化することの器官なのであって、これが現実的なものを可能なものへ、可能なものを現実的なものへと変容させることができるということである。さて、よく考えてみれば、これは映画の定義でもある。映画はつねに、現実的なものを可能なものへ、可能なものを現実的なものへと変容させているのではないか？　デジャ＝ヴュは「現在のものをそれがかつてあったかのように知覚する」ことと定義することができる。また逆に、かつてあったものをそれが現在あるかのように知覚することとも定義できる。映画はこの、差異のなくなる地帯に生起する。というわけで、イメージを用いる仕事がなぜこのような歴史的かつメシア的な重要性をもつのかが理解される。というのはこの仕事は潜勢力や可能性を、定義上不可能なものに向けて、つまり過去に向けて投射する一つのやりかただからである。つまり、映画はメディアとは反対のことをしている。メディアは私たちにつねに事実を与える。それはかつてあったことを、可能性も潜勢力もないままに与える。つまり、メディアは私たちに事実を与えるが、その事実に対して私たちは無力である。メディアは、憤激するが無力である市民を愛する。それはテレビ報道の目標でさえある。それは怨恨の人間を生産する悪い記憶である。

ドゥボールは創作技術の中心に反復を置くことで、私たちに見せるものを新たに可能的なものにしている。というよりもむしろ、彼は現実的なものと可能的なもののあいだに決定不可能性の地帯を開いている。彼がテレビ報道の一部を見せるとき、反復の力というのは、その報道が完了した事実であることをやめ、いわばふたたび可能的なものになるということ、これである。人は「こんなことがどうして可能だったのか？」と自問するが——これが第一の反応だ——、同時に人は、そうだ、すべてが可能なのだ、私たちの今見せられている恐怖でさえ可能なのだということを理解する。ハナ・アーレントは収容所の窮極の経験を「すべてが可能である」という原則として定義したことがある。[*10] このような極端な意味においてもまた、反復は可能性を回復する。

第二の要素、映画の第二の超越論的条件は、停止である。これは中断する権力、ベンヤミンの語っていた「革命的中断」[*11]である。これは映画において非常に重要であるが、これもやはり映画においてのみ

＊9　以下を参照。Benjamin, *Gesammelte Schriften*, 5-1, pp. 588–589［*Passagenwerk*, N 8, 1］.〔『パサージュ論』第三巻、今村仁司訳（岩波書店、二〇〇三年）二〇七―二〇八頁〕

重要なのではない。映画が語りと異なるのはここである。語り的な散文と映画とは比較される傾向があるが、停止が私たちに示してくれるのはその反対に、映画は散文よりもむしろ詩に近いということである。文学の理論家たちはつねに、散文と詩の違いをうまく定義づけられずにきた。詩を性格づける要素はその多くが、散文にあってもおかしくないものである（たとえば、音節数という点から見るならば、散文は詩行を含むこともできる）。詩においてありうるもので散文においてありえないのは、句跨りと句切りだけである。[*12] 詩人は、音響的・韻律的な限界を統辞的な限界に対置することができる。それはただ休止であるだけではない。それは不一致であり、音と意味のあいだの選言である。ポール・ヴァレリーが詩についてあれほどまでに美しい定義を与えることができたのはそのためである。「詩――音と意味のあいだで引き延ばされたこの躊躇[*13]」というのがそれである。また、句切りは単語と表象のなす律動と展開を停止させることで単語と表象をありのままに出現させるとフリードリヒ・ヘルダーリンが言いえたのもそのためである。[*14] 単語を停止させるとは、単語を意味の流れから引き抜き、単語をそのものとしてあらわにするということである。ドゥボールの実践している、モンタージュの超越論的条件の一構成要素である停止についても同じことが言えるだろう。ヴァレリーの定義に手を入れて、次のように言ってもいいかもしれない。すなわち、映画とは、あるいは少なくともしかじかの映画とは、イメージと意味のあいだで引き延ばされた躊躇である。それは、時間順の休止という意味での停止のことではない。それはむしろ、イメージそれ自体を働かせ、イメージを語りの権力から引き抜いてあるがままのイメージとして露出させる、そのような停止の潜勢力なのである。ドゥボールが彼のフィルムにおいて、そしてゴダールが『映画史』において、この停止の潜勢力を用いて仕事をしているのはこの意味においてである。

この二つの超越論的条件はけっして互いに分離されえない。これらは二つで一体系をなしている。ドゥボールの最後のフィルムのほんの冒頭に、非常に重要なテクストが一つある。「私は、映画はこの白

---

*10 以下を参照。Hannah Arendt, *The Origins of Totalitarianism* (Orlando: Harcourt Brace, 1976), p. 437.〔『全体主義の起原』第三巻、大久保和郎ほか訳（みすず書房、一九七四年〔一九八一年〕）二三〇頁〕以下も参照。Agamben, "Il campo come *nómos* del moderno," in *Homo sacer* (Torino: Einaudi, 1995), p. 190.〔「近代的なものの生政治的範例としての収容所」、『ホモ・サケル』高桑和巳訳（以文社、二〇〇三年）二三二頁〕Agamben, "Che cos'è un campo ?," in *Mezzi senza fine*, p. 37.〔「収容所とは何か？」、『人権の彼方に』四六頁〕

*11 Benjamin, "Über den Begriff der Geschichte," pp. 701–703 [Thesen 14–17].〔「歴史の概念について」六五九―六六二頁〕

*12 句跨りについては以下を参照。Jean-Claude Milner, "Réflexions sur le fonctionnement du vers français," in *Ordres et raisons de langue* (Paris: Seuil, 1982), pp. 283–301 ; Agamben, "Idea della prosa," in *Idea della prosa* (Milano: Feltrinelli, 1985 [Macerata: Quodlibet, 2002]), pp. 19–21 ; Agamben, "La fine del poema," in *Categorie italiane* (Venezia: Marsilio, 1996 [Roma: Laterza, 2010]), pp. 138–139.〔「詩の結句」橋本勝雄訳、『イタリア的カテゴリー』（みすず書房、二〇一〇年）二四七―二四八頁〕

*13 Paul Valéry, "Littérature," in *Œuvres*, 2, ed. Jean Hytier (Paris: Gallimard, 1960), p. 637.〔「文学」佐藤正彰訳、『ヴァレリー全集』第八巻（筑摩書房、一九六七年）四二五頁〕

*14 以下を参照。Friedrich Hölderlin, "Anmerkungen zum Œdipus," in *Sämtliche Werke*, 5, ed. Friedrich Beissner (Stuttgart: W. Kohlhammer, 1952), p. 196.〔「『オイディプス』への注解」手塚富雄ほか訳、『ヘルダーリン全集』第四巻（河出書房、一九六九年）四八頁〕Hölderlin, "Anmerkungen zur Antigonae," in *Sämtliche Werke*, 5, p. 265.〔「『アンティゴネー』への注解」手塚富雄ほか訳、『ヘルダーリン全集』第四巻、五六頁〕以下も参照。Agamben, "Idea della cesura," in *Idea della prosa*, p. 24.

いスクリーン、次いでこの黒いスクリーンに縮減することができるということを示した」[*15]。ここでドゥボールが言わんとしているのはまさしく、モンタージュの超越論的条件としての、互いに分離できない反復と停止である。黒と白。それは、イメージがあまりに現前しているので見ることのできない背景と、一つもイメージのない空虚である。そこには、ドゥボールの理論的な仕事と類似したところがある。シチュアシオニスムにその名を与えている「構築される状況」という概念を例に取れば、状況とは、ある決定不可能性の地帯、単一性と反復のあいだの差異がなくなる地帯のことである。状況を構築しなければならないとドゥボールが言うとき、それはつねに、反復できる何かでもあり、独特な何かでもある。

このことをドゥボールは『夜は廻るよ、確かに火に化した』の最後でも言っている。そこには、「終わり」という伝統的な単語の代わりに「冒頭からやりなおし」という語句が現れる[*16]。そこにあるのはまた、フィルムの題自体において働いている原則でもある。この題は回文、つまり自分に巻きつく語句である。この意味で、ドゥボールの映画の本質的な回文性というものがある。

反復と停止はともに、すでに述べた映画のメシア的な努めを実現するものである。この努めはその本質上、創造にかかわっているのでなければならない。しかしそれは、第一の創造の後になされる新たな創造ではない。芸術家の仕事をもっぱら創造という用語によって考えてはならない。そうではなく、あらゆる創造行為の核心には、ある脱創造行為がある。ドゥルーズは、映画について、あらゆる創造行為はつねに抵抗行為であると言ったことがある[*17]。しかし、抵抗するとはどのような意味か？　それは何よりもまず、存在するものを脱創造する力をもつということ、現実的なものを脱創造するということ、そこにある事実よりも強いものとして存在するということである。あらゆる創造行為は思考行為でもある。

また、思考行為は創造行為である。というのは、思考は何よりもまず、現実的なものを脱創造する能力によって定義づけられるからである。

　映画の努めがそのようなものであるとすると、反復と停止という潜勢力の働きをこのように受けたイメージとは何か？　イメージのありかたにおいて何が変化するのか？　ここで、表現という私たちの伝統的な構想のすべてを考えなおさなければならない。表現の通例の構想はヘーゲル的なモデルによって支配されている。あらゆる表現がこれこれの媒体によって実現されるとするモデルである。その媒体はイメージであったり、言葉であったり、色であったりするが、その媒体は最終的には、完了した表現のうちに消滅しなければならないとされる。表現的な行為は、手段つまり媒体がそれとしてはもはや知覚されなくなってはじめて完了される。媒体は、媒体が私たちに見させるもののうちに消滅するのでなければならず、自らを示す絶対のうちに、自らにおいて輝く絶対のうちに、消滅するのでなければならないというのである。それに対して、反復と停止の働きを受けたイメージのほうは、媒体が私たちに見さ

---

*15 ブリジット・コルナン監督によるテレビ・ドキュメンタリー『ギー・ドゥボール、その芸術とその時代』（一九九五年）を指す。冒頭近くに三人称で「彼は一九五二年に、映画はこの白いスクリーン、次いでこの黒いスクリーンに縮減することができるということを示した」という字幕が出る（一九五二年は『サドのための絶叫』の公開年）。

*16 Debord, *In girum imus nocte et consumimur igni*, p. 282.〔「われわれは夜に彷徨い歩こう、そしてすべてが火で焼き尽くされんことを」一三三頁〕

*17 以下を参照。Deleuze, "Contrôle et devenir," in *Pourparlers* (Paris: Minuit, 1990), p. 235.〔「管理と生成変化」、『記号と事件』宮林寛訳（河出書房新社、二〇〇七年）三四九頁〕

図10　イングマル・ベルイマン監督『不良少女モニカ』(1952年)

せるもののうちに消滅することのない手段であり媒体である。これは私なら「純粋な手段」と呼ぶようなものである。それは手段そのものとして自らを示す手段である。イメージは、イメージが私たちに見させる当のもののうちに消滅してしまうのではなく、その代わりにイメージそのものを見させる。映画史家たちは、イングマル・ベルイマンの『不良少女モニカ』(一九五二年)で主人公のハリエット・アンデションが突然カメラのレンズにじっとまなざしを向けるということを、人を当惑させる新しさとして指摘してきた。ベルイマン自身、このシークエンスについては次のように書いている。「ここにおいて突然、映画史上はじめて、観客とのあいだに直接的かつ淫らな接触が打ちたてられた」[*18]。それ以来、ポルノと広告がこの手法を陳腐化した。すべきしかじかのことをしながらカメラにじっとまなざしを向け、自分のパートナーよりも観者たちに関心をもっているということを示すポルノ俳優のまなざしに私たちはなじんでいる[*19]。

最初期のフィルムからドゥボールは私たちにイメージとしてのイメージを示しており、そのやりかたはしだいに明瞭になっていく。それはつまり、『スペクタクルの社会』の根本的な理論的原則の一つにしたがって、イメージを真と偽のあいだの決定不可能性の地帯として示しているということである。しかし、イメージを示すには二つのやりかたがある。イメージとして露出されたイメージはもはや、何でもないもののイメージではない。そのイメージにはそれ自体、イメージがない。人がイメージを作ることのできないものが一つだけある。それはいわば、イメージがイメージであるということ、である。記号はすべてを意味することができるが、その記号がこれこれを意味しているところであるということだけは意味することができない。ルートヴィヒ・ヴィトゲンシュタインは、意味することのできないもの、もしくは言説において言うことのできないもの、いわば言いえないものは、言説においておのずと示される、と言っていた。[*20]「イメージのなさ」とのこの関係を示すやりかた、もはや見るべきものがないということを見させるやりかたは二つある。一つのやりかたはポルノや広告である。これらは、まるでつねに見るべきものがあるかのように、つねにイメージの背後にさらにイメージがあるかの

---

*18 Ingmar Bergman, *Bilder* (Stockholm: Norstedts, 1990), p. 296.

*19 以下を参照。Agamben, "Il volto," in *Mezzi senza fine*, p. 79.〔「顔」、『人権の彼方に』九八―九九頁〕Agamben, "Elogio della profanazione," in *Profanazioni* (Roma: Nottetempo, 2005), p. 103.〔「瀆神礼賛」、『瀆神』上村忠男ほか訳（月曜社、二〇〇五年）一三〇―一三一頁〕

*20 以下を参照。Ludwig Wittgenstein, *Tractatus logico-philosophicus*, in *Werkausgabe*, 1 (Frankfurt am Main: Suhrkamp, 1989), p. 85 [6.522].〔『論理哲学論考』、『ウィトゲンシュタイン全集』第一巻、奥雅博訳（大修館書店、一九七五年）一一九頁〕以下も参照。Agamben, "L'idea del linguaggio," in *La potenza del pensiero* (Vicenza: Neri Pozza, 2005), p. 30.〔「言語活動のイデア」、『思考の潜勢力』高桑和巳訳（月曜社、二〇〇九年）三五頁〕Agamben, "L'io, l'occhio, la voce," in *La potenza del pensiero*, p. 101.〔「自我、目、声」、『思考の潜勢力』一二〇頁〕

ようにことをおこなっている。もう一つのやりかたは、イメージとして露出されたこのイメージにおいて、この「イメージのなさ」が現れるにまかせる。この「イメージのなさ」こそ、ベンヤミンの言っていたように、あらゆるイメージの逃げ場である。[*21] この二つの違いにこそ映画のあらゆる倫理、映画のあらゆる政治はかかっている。

*21　本書「ニンファ」註*80を参照。

身振りと舞踊（一九九二年）

身振りとは何か？[1] ウァロによる指摘は私たちに貴重な示唆をもたらしてくれる。彼は身振りを行動の圏域に書きこみながらも、これを「行為すること（agere）」や「なすこと（facere）」からはっきり区別している。「じつのところ、行為することなく何かをなすことは可能である。たとえば、詩人は劇物語をなすが、これを行為するわけではない［「行為する（agere）」はここでは「役を演ずる」という意味］。逆に、役者は劇物語を行為するが、これをなすわけではない。これと同じように、劇物語は詩人

1 このテクストは、以下の分析を冒頭の四段落であらためて取りあげている。Giorgio Agamben, "Notes sur le geste," *Trafic*, no. 1 (Paris: POL, 1991), pp. 31–36. ［以下に再録。Agamben, "Note sul gesto," in *Mezzi senza fine* (Torino: Bollati Boringhieri, 1996), pp. 45–53. 以下が日本語訳。「身振りについての覚え書き」、『人権の彼方に』高桑和巳訳（以文社、二〇〇〇年）五三―六六頁。以下、本論考への註ではこの文献にとくに触れない］

によって行為される（agitur）ことなくなされる（fit）。劇物語は役者によってなされることなく行為される。それに対して、インペラトル［最高権力を授けられている行政官］のばあいは「res gerere」［これこれを遂行する、自分の身に負う、その責任を全面的に引き受ける］と言われるのだから、彼はなすのでも行為するのでもない。そうではなく、彼は引き受ける（gerere）、つまり負担する（sustinere）［……］[2]」。

身振りを特徴づけるのは、そこではもはや生産することも行為することも問題になっておらず、引き受けること、負担することが問題になっているということである。言い換えれば、身振りは「習慣（ēthos）」の圏域を人間の最も固有な圏域として開く。しかし、どのようにしてこれこれの行動は引き受けられたり負担されたりするのか？　どのようにしてこれこれの「もの（res）」が「引き受けられたもの（res gesta）」になり、単なる一つの事実が一つの出来事になるのか？　ウァロによる「なすこと（facere）」と「行為すること（agere）」の区別は、つまるところアリストテレスに由来するものである。『ニコマコス倫理学』の名高い一節でアリストテレスはこの二つを次のように互いに対置している。「［……］行為すること（praxis）となすこと（poiēsis）は類が異なる［……］」。じつのところ、なすことがなすこと自体以外の目的をもっているのに対して、行為することはそうではない。というのも、うまく行為することはそれ自体において、行為することの目的だからである」[3]。それに対して新しいのは、この二つと混同されない第三種の行動が導入されているということである。なすことがこれこれの目的のための手段であり、行為することが手段のない目的であるのに対して、身振りは、目的か手段かという、道徳を麻痺させる誤った二者択一を断ち切る。身振りは、目的になってしまうことのないまま、手、段でありながら手段の君臨から免れるという手段を提示する。

したがって、身振りを理解したいと思う者にとって最も確実な道の誤りかたは、まず、しかじかの目標に従属した手段からなる一つの圏域を思い浮かべ（たとえば歩行を、身体をA地点からB地点に移動させる手段として思い浮かべる）、次いで、この圏域からその上位の別の圏域を区別するということだろう。その上位の圏域とは、それ自体において固有の目的をもっている運動としての身振りの圏域といったものである（たとえば、美的次元としての舞踊）。手段のない合目的性は人を迷わせるものである。だが、これこれの目的との関連でのみ意味をもつしかじかの手段性が、それより人を迷わせないというわけでもない。舞踊が身振りであるのはそうではなくて、舞踊がまるごと、身体運動が手段的なものであるということを負担し、さらし出すということだからである。身振りとはしかじかの手段性をさらし出すということ、手段を手段として目に見えるものにするということである。[*1] したがって、人間の〈しかじかの中間にあるということ〉が明白になり、[*2] 倫理的次元が人間に開かれる。しかし、ポルノ映画に

2　ウァロ『ラテン語について』6, 8, 77.〔この「引き受ける（gerere）」の過去分詞「gestus」が「身振り」の意味になる（イタリア語／フランス語の「身振り（gesto/geste）」の語源）。ここで言われているのは、「身振り」とは「引き受けられたもの（res gesta）」だということ。なお、この「res gesta」という表現は本文中にあるとおり（インペラトルなどの）おこないの意味で用いられ、たとえばその複数形「res gestae」はアウグストゥス『偉業録』をも指す。以下も参照。Agamben, "Genealogia dell'ufficio," in *Opus dei* (Torino: Bollati Boringhieri, 2011), pp. 98–99〕

3　アリストテレス『ニコマコス倫理学』1140 b 3–4.

*1　以下を参照。Agamben, "Note sulla politica," in *Mezzi senza fine*, pp. 92–93.〔「政治についての覚え書き」、『人権の彼方に』一二二頁〕

おいては、他の者たち（あるいは自分）に快楽を与える手段でしかない身振りを遂行している最中の人は、自分が自分の手段性において撮影されさらし出されているというだけのことに不意を突かれて、この手段性から宙吊りになってしまう。そうすると、その人は観者にとっては新たな快楽の手段へと変容しうる（そうでなければこのことは理解できないだろう）。[*3] あるいはまた黙劇においては、最も人々になじみのものであるような目標に従属した身振りがその身振りとしてさらし出され、それゆえに「欲望と遂行のあいだ、犯罪遂行とその追想のあいだ」に、ステファヌ・マラルメが「純然たる中間」[*4]と呼ぶもののなかに宙吊り状態に保たれる。それらと同じように、身振りにおいては、人間たちに交流されるのはそれ自体において目的であるような目的の圏域ではなく、目的のない純粋な手段性の圏域なのである。

「目的のない合目的性」というイマヌエル・カントの不明瞭な表現は、このようにしてはじめて具体的な意味を帯びる。目的のない合目的性とは、しかじかの手段において、当の手段をそれが〈手段であるということ〉自体において中断する身振りのもつ潜勢力のことであって、このようにしてのみ手段をさらし出し、「もの（res）」を「引き受けられたもの（res gesta）」にすることができる。これに類したしかたで、もし人が言葉を交流の手段と見なすのならば、これこれの言葉を示すということは、当の言葉を交流の対象とする出発点となるようなより高度な平面（第一の水準の内部ではそれ自体交流不可能なメタ言語活動）を用いるということではなく、つまるところその言葉をあらゆる超越の外で、当の言葉自体の手段性において、その言葉自体が〈手段であるということ〉において露出させるということである――まさにこれこそ最も困難な務めである。この意味で、身振りは交流可能性の交流である。より正確に言えば、身振りが言うべきことなど何もない。というのも、身振りが示すのは純粋な手段性としての人間の〈言語活動のなかにあるということ〉だからである。しかし、〈言語活動のなかにあるということ〉はしかじかの命題として言表しうるようなものではない。したがって身振りとは本質的につねに、言語活動のなかに見いだされないという身振りであり、つねに、用語の十全な意味においてギャグである。この用語はもともとは言葉を妨げるために口をふさぐものを指し、次いで記憶に穴が開いてしまったり話せなくなったりしたときに俳優が場を繕うために即興でやることを意味するようになった。[*5] ここから、身振りと哲学のあいだの近さ、さらには哲学と映画のあいだの近さが生じてくる。映画の本質的な「無声性」(これはサウンド・トラックの有無には関係がない)は、哲学の無声性と同じく、人間の〈言語活動のなかにあるということ〉を露出する。それはつまり、純粋な身振り性である。ルートヴィヒ・ヴィトゲンシュタインによる神秘的なものの定義——言いえないことをおのずと示すこと[*6]——は、

＊2 「手段(moyen)」「目的(fin)」はそれぞれ「中間」「終わり」とも訳せる。したがって「中間(milieu)」と「手段」は類語。

＊3 本書「ギー・ドゥボールの映画」註＊19を参照。

＊4 Stéphane Mallarmé, "Mimique," in *Œuvres complètes*, 2, ed. Bertrand Marchal (Paris: Gallimard, 2003), pp. 178–179.〔「黙劇」渡邊守章訳、『マラルメ全集』第二巻(筑摩書房、一九八九年)一七九—一八〇頁〕以下も参照。Agamben, "L'io, l'occhio, la voce," in *La potenza del pensiero* (Vicenza: Neri Pozza, 2005), pp. 96–97.〔「自我、目、声」、『思考の潜勢力』高桑和巳訳(月曜社、二〇〇九年)一一四頁〕Agamben, "L'origine e l'oblio," in *La potenza del pensiero*, p. 201.〔「起源と忘却」、『思考の潜勢力』二五一頁〕

＊5 以下を参照。Agamben, "Kommerell, o del gesto," in *La potenza del pensiero*, p. 239.〔「コメレル　身振りについて」、『思考の潜勢力』二九四頁〕

文字どおりギャグの定義である。そして、偉大な哲学のテクストはすべて言語活動自体をさらし出すギャグ、巨大な記憶の穴のような、言葉の癒しがたい欠如のような〈言語活動のなかにあるということ〉自体をさらし出すギャグである。

ヴェルナー・ハーマッハーは最近の研究において、ヴァルター・ベンヤミンにおける「純粋な手段性（reine Mittelbarkeit）」という概念の重要性に注意を喚起している。[*7]「暴力批判論」においてベンヤミンは、法権利の圏域を目的と手段の関係によって支配されている圏域として定義した後、ある批判のプログラムを言い表している。その批判とは、暴力がしかじかの目的を追い求めているとして、その目的が正しいにせよ不正であるにせよそれを物差しにして暴力を評価するのではなく、暴力の判断基準を「手段の奉仕する当の目的を考慮せずに、手段自体の圏域においてなされる区別」[*8]に求める、というものである。目的との直接的な関係をすべて免れた純粋な手段性、というこの視点から見てはじめて、ベンヤミンが法権利を創設する暴力にも、法権利を維持する暴力にも対置して「純粋な（もしくは神的な）暴力」[*9]と呼んでいるあの形象が意味をもってくる。彼は次のように書いている。「正当な手段にせよ不当な手段にせよ、ともかくこれらの目的に対する手段ではありえず、目的に対して一般に手段という関係にはなく、何らかの他の関係にある（nicht als Mittel zu ihnen, vielmehr irgendwie anders）、別種の暴力を検討することはできないだろうか？」[*10]

「暴力批判論」では（言語活動の圏域への意味深い参照は見あたるが）この純粋な手段という概念にこれとは別のさらなる定義は与えられていない。したがって、「何らかの他の（irgendwie anders）」は宙吊りになったままである。しかしながら、純粋な手段なるものを定義づけるためのさまざまの要素は、これに先立って書かれた「言語一般及び人間の言語について」にも、また、「暴力批判論」を終えて間もなく着手された「ゲーテの『親和力』」にも散見される。「言語一般及び人間の言語について」において純粋な手段に対応するのは純粋な言語である。これは交流の道具ではなく手段であり、そこにおいて交流されるものは単なる「交流可能性そのもの（Mitteilbarkeit schlechthin）」[*11]であるとされる。また、「ゲーテの『親和力』」でそれに対応するのは〈表現をもたないもの〉である。それは「批判的暴力」として、まったく美しい外見をもっていながら、全体性に向かおうとする気取りを中断し、作品を断片へ、象徴のトルソへと縮減することによって当の作品を完成させる。

この二つの形象はいずれも、ひとたび身振りの圏域へと回復されれば、その謎めいた性格を失い、透明になる。さらに一般的に言えば次のようになる。ベンヤミンの倫理的・政治的思考に最も特有なものを特徴づけている、あの「出来事のメシア的停止」[*12]および中断に関する理論のすべては、純粋な手段に

＊6 本書「ギー・ドゥボールの映画」註＊20を参照。

＊7 以下を参照。Werner Hamacher, "Afformativ, Streik," in Christiaan L. Hart Nibbrig, ed., *Was heißt "Darstellen"?* (Frankfurt am Main: Suhrkamp, 1994), pp. 340–371.

＊8 Walter Benjamin, "Zur Kritik der Gewalt," in *Gesammelte Schriften*, 2-1, ed. Rolf Tiedemann *et al.* (Frankfurt am Main: Suhrkamp, 1977), p. 179.〔「暴力批判論」、『ドイツ悲劇の根源』下巻、浅井健二郎訳（筑摩書房、一九九九年）二二八頁〕

＊9 以下を参照。Benjamin, "Zur Kritik der Gewalt," pp. 199–200.〔「暴力批判論」二六九―二七一頁〕

＊10 Benjamin, "Zur Kritik der Gewalt," p. 196.〔「暴力批判論」二六二頁〕

関する理論と関連づけられることで、またそのようにして身振りに照らして解釈されることで、価値あるものとなる。じつのところ、純粋な言語において生起するという交流可能性の交流を、人はどのような意味で了解することができるのか？　それは、言語という手段を用いて何かを交流するということではなく、交流の手段自体を交流するということである。しかしながら、この手段、この純粋な交流可能性は、これこれの命題によって交流されることはできない。それが交流されうるのはただ、交流へと定められた言語という手段の流れを停止させることによってであるが、その言語という手段を単に沈黙させるということはしない。言い換えれば、純粋な交流可能性は、先に見たとおりの意味での身振りによって交流されることができるということである。それと同じように、〈表現をもたないもの〉が身振りの圏域に属するということは、ベンヤミン自身の言葉によって示唆されているように思われもするが（「女の言い逃れを居丈高な言葉で中断することで、まさにその中断するところで言い逃れから真理を取り出すことができるのと同じように、〈表現をもたないもの〉は震える調和に停止を強いる（Wie die Unterbrechung durch das gebietende Wort es vermag aus der Ausflucht eines Weibes die Wahrheit gerad da herauszuholen, wo sie unterbricht, so zwingt das Ausdruckslose die zitternde Harmonie einzuhalten）［……］」[*13]）、身振りの圏域と〈表現をもたないもの〉との結びつきはさらにいっそう内密である。じつのところ、ヘルダーリンにおける句切りに関してベンヤミンは、「すべての表現が調和とともに静まり、いかなる芸術的手段の内部においても表現をもたない暴力に場を譲る」[*14]圏域を示唆している。純粋な手段としての身振りの権力をこれ以上に正確に定義づけることはできないだろう。それぞれの表現にあって表現のないまま残るもの、それが身振りである。しかし、それぞれの表現にあって表現のないまま残るものとは表現自体であり、表現的な手段そのものである。この意味では、身振りに最も特有な性格とはヴィトゲンシュタインであれば言っただろうように「示す」ということであって、そのようにしてこの性格は神秘的なものと同一視されるに値する、ということなのかもしれない。しかし、ここで私たちの関心を惹いているのは、身振りのもつこれとは別の様相、つまりその倫理的・政治的な意味あいのほうである。ベンヤミンにおいて純粋な手段というのは、表現しえないものや宗教的なものの圏域のうちに溶解して俗的圏域に対立す

---

*11 Benjamin, "Über Sprache überhaupt und über die Sprache des Menschen," in *Gesammelte Schriften*, 2-1, pp. 145–146.〔「言語一般および人間の言語について」浅井健二郎訳、『ベンヤミン・コレクション』第一巻（筑摩書房、一九九五年）一八頁〕以下も参照。Agamben, "Glosse in margine ai *Commentari sulla società dello spettacolo*," in *Mezzi senza fine*, pp. 67–70.〔「『スペクタクルの社会に関する注解』の余白に寄せる注釈」、『人権の彼方に』八五―八九頁〕Agamben, "Il volto," in *Mezzi senza fine*, p. 74.〔「顔」、『人権の彼方に』九六頁〕Agamben, "Note sulla politica," in *Mezzi senza fine*, pp. 91–92.〔「政治についての覚え書き」、『人権の彼方に』一二〇―一二二頁〕Agamben, "Lingua e storia," in *La potenza del pensiero*, p. 42.〔「言語と歴史」、『思考の潜勢力』四八頁〕Agamben, "La fine del poema," in *Categorie italiane* (Venezia: Marsilio, 1996 [Roma: Laterza, 2010]), p. 144.〔「詩の結句」橋本勝雄訳、『イタリア的カテゴリー』（みすず書房、二〇一〇年）二五八頁〕

*12 Benjamin, "Über den Begriff der Geschichte," in *Gesammelte Schriften*, 1-2, ed. Tiedemann *et al.* (Frankfurt am Main: Suhrkamp, 1974), p. 703 [These 17].〔「歴史の概念について」浅井健二郎訳、『ベンヤミン・コレクション』第一巻、六六二頁〕

*13 Benjamin, "Goethes Wahlverwandtschaften," in *Gesammelte Schriften*, 1-1, ed. Tiedemann *et al.* (Frankfurt am Main: Suhrkamp, 1974), p. 181.〔「ゲーテの『親和力』」浅井健二郎訳、『ベンヤミン・コレクション』第一巻、一四六頁〕

*14 Benjamin, "Goethes Wahlverwandtschaften," p. 182.〔「ゲーテの『親和力』」一四八頁〕

るようなものとはほど遠い。純粋な手段は、しかじかの政治においてのみ完了される。その政治が「純粋な手段の政治（Politik der reinen Mittel）」[*15]として正しく了解される——つまり完成した、全面的な身振り性の領域として了解される——かぎりはである。交流可能性の交流は、他のさまざまな行為の脇に場を占めるような行為ではないし、芸術的創造の本質的カテゴリーとしての〈表現をもたないもの〉は、〈表現をもたないもの〉が断片へと縮減してしまうような作品——〈表現をもたないもの〉が作品の縮減によって自らを明らかにする当の作品——の脇に場を占めるような別の作品ではない。それと同じように、純粋な手段の政治とは、歴史家によって記録される社会的・法的・経済的・軍事的な数多くの出来事の脇に場を占めるような出来事なのではない。単に否定的な、より容易な読みにしたがえば、それは、出来事の単なるいわく言いがたさや表象不可能性だということになるが、これはそのようなものでもない。その反対であって、純粋な手段の政治とは出来事の唯一可能な表明、唯一正当な開陳のことなのである。このように、身振りとは出来事が最後の審判の日に獲得する整合性のこと、人類の歴史の各瞬間に口にすることのできる「最後のロゴス（logon eschaton）」[*16]のことなのである。

身振りの存在論的なありかたとはどのようなものか？　ベンヤミンは純粋な手段をつねに、停止、休止、中断という形象によって定義している。それはまるで、純粋な手段には否定的な整合性しかないというかのようである。このことは、身振りが非存在であるということ、身振りにおいては何も現前へと到来することがないということを意味しているのか？　もしそうであるならば、私たちはどのような意味で、身振りについて語ることができるのだろうか？

この点に関しては、アリストテレスの『自然学』への註解において運動に関して議論をしているアヴェロエスの考察がまったく明快である。彼は次のように問うている。運動を非存在として、また不在として定義できた哲学者たちがいたが、それはどのようにして可能なのか？ それは「運動が、単に潜勢力の領域に収まるのでも、単に現勢力の領域に収まるのでもない」からだと彼は説明する。「これら〔潜勢力と現勢力〕が存在の二部分であるということから、運動は存在にではなく不在に属する［とこれらの哲学者は演繹した］。このようにして、彼らは潜勢力と現勢力のあいだの中間的な現勢力（actus medius inter potentiam et actum）、潜勢力としての潜勢力の完成（perfectio potentiæ secundum quod est potentia）を取り逃してしまった」[*17]。

アルベルトゥス・マグヌスも、単に欠如しているのではないこの別種の存在、可能性と現実のあいだの中間項であるものを、例を挙げて明らかにしようとしているが、その彼が黙劇と舞踊よりよい例を見いだしていないというのは偶然のことだろうか？ 『自然学』への註解において、彼は次のように書いている。「それと同じように、黙劇のおこなう運動（volutatio qua volvuntur mimi）は、そのしなやかさのしなやかな完成である。それと同じように、舞台でいっしょになって踊る女舞踊手たちの舞踊は、舞踊の巧みさの完成であり、踊れるという潜勢力の、潜勢力としての完成である（saltus sive saltatio tripudiantium in choreis est perfectio eorum saltabilium sive potentium tripudiare et chorizare secundum quod in potentia

---

＊15　Benjamin, "Zur Kritik der Gewalt," p. 193.〔「暴力批判論」二五六頁〕
＊16　アリストテレス『形而上学』983 a 29.
＊17　アヴェロエス『『自然学』註解』3, t. c. 14, f. 91 ra C.

図11　ロイ・フラー、サーペンタイン・ダンス(1902年)

sunt)〔……〕」[*18]。

可能性と、可能性が廃棄される実際の現実とのあいだに、舞踊は中間的存在を書きこむ。この中間的存在において潜勢力と現勢力、手段と目的が平衡を得て交互に姿を現す。この二つの一方を他方に対してさらし出すこの平衡は、これこれの否定であるのではない。それは互いに互いをさらし出すということである。それは停止ではなく相互的な震え、現勢力における潜勢力の、潜勢力における現勢力の震えである。マラルメがロイ・フラーの踊るところを見て、彼女は「彼女自身の尽きせぬ泉[*19]」であると書くことができたのはそのためであるし、また、ジャック・リヴィエールがヴァーツラフ・ニジンスキーを描写して次のように書くことができたのもそのためである。「身体がさまざまな傾向と機会とをもたらし、それと同じ数だけ運動が中断され再開される。舞踊手は自らのうちにさまざまな可能な出発点を感じ、それと同じ数だけ自らの跳躍をやりなおす。彼は各瞬間に自分を捉えなおす。ちょうど、すべての支流を次々と汲み尽くさなければならない源泉のように、彼は自分自身へと遡行する。舞踊とは、彼がそこに見いだす、動きへと向かう傾きのすべてを分析すること、そのすべてを数えあげることである[*20]」。踊る者たちの運動においては、目標の不在がおのずと道をなし、目的の欠如が手段になり、動くことができるという純粋な可能性になり、全面的な政治になる。女舞踊手は自分の身振りという深い森のなかで迷っているように見えるが、じつは彼女は、自分自身の道のなさ（アポリア）へと秘かに手をさしのべ、自分自身の迷宮によっておのずと導かれるにまかせている。

＊18　アルベルトゥス・マグヌス『『自然学』註解』3, 1, 4.

＊19　Mallarmé, "Autre étude de danse," in *Œuvres complètes*, 2, p. 177.〔「もう一つの舞踏論」渡邊守章訳、『マラルメ全集』第二巻、一七七頁〕

＊20　Jacques Rivière, "*Le sacre du printemps*," *Nouvelle revue française*, no. 59（Paris: Nouvelle revue française, November 1913), p. 719.〔「『春の祭典』」冨永明夫訳、市川雅編『ニジンスキー頌』（新書館、一九九〇年）二二一―二二二頁〕

来たるべき身体

かつて一度も書かれたことのないものを読むこと（一九九七年）

1　方法

ステファヌ・マラルメが舞踊に関して言い表した公理は人々をたえず魅了してきた。いわく、女舞踊手は踊るのではなく、書く。舞踊とは身体の書きものであって、それは「筆生のあらゆる道具から解き放たれた詩」[*1]に他ならないとされる。舞踊を創造する者が今日もなお「chorégraphe（舞踊を書く者）」[*2]と呼ばれているということによって、この構想の力強さと執拗さが証される（ということは、ラウル・オジェ・フイエからルドルフ・フォン・ラーバンに至る技術的な意味での舞踊の書きものは、書きものの書きものだということになる）。[*3]

この先入見をいかなる留保もなく放棄しなければ、あるいは少なくともこの先入見をわずかにずらしてやるのでなければ、エルヴェ・ディアスナスの方法を理解することはできない。ここでは舞踊は書くこととしてではなく、読むこととして姿を現している。ただ、読むべきテクストは欠けている。あるいはむしろ、そのテクストは読めない。フーゴー・フォン・ホフマンスタールの美しいイメージを借りて言えば、舞踊手は「かつて一度も書かれたことのないものを読む」[*4]。ディアスナスの身振りは、この存

＊1 Stéphane Mallarmé, “Ballets,” in *Œuvres complètes*, 2, ed. Bertrand Marchal (Paris: Gallimard, 2003), p. 171.〔「バレエ」渡邊守章訳、『マラルメ全集』第二巻（筑摩書房、一九八九年）一六七頁〕

＊2 「chorégraphe」は「chorea（舞踊）」と「grapheus（書く者）」から作られた単語で、振り付け家（舞踊家）を指す。「chorégraphie」（文字どおりには舞踊の書きもの）も、直後の本文に登場するフイエ以来、舞踊の記譜を指していたが、現在では一般的に振り付け（および振り付けのおこなわれた舞踊作品）を指す。

＊3 両者はともに舞踊譜の発明者。以下を参照。Raoul Augé Feuillet, *Chorégraphie* (Paris: Feuillet, 1700 [Hildesheim: Olms, 1979]); Rufolf von Laban, *Schriftanz* (Wien: Universal-Edition, 1928).

＊4 Hugo von Hofmannsthal, “Der Tor und der Tod,” in *Sämtliche Werke*, 3, ed. Götz Eberhard Hübner *et al.* (Frankfurt am Main: S. Fischer, 1982), p. 80.〔「痴人と死」富士川英郎訳、『ホーフマンスタール選集』第一巻（河出書房新社、一九七四年）一四〇頁〕以下も参照。Walter Benjamin, “Über das mimetische Vermögen,” in *Gesammelte Schriften*, 2-1, ed. Rolf Tiedemann *et al.* (Frankfurt am Main: Suhrkamp, 1977), p. 213.〔「模倣の能力について」内村博信訳、『ベンヤミン・コレクション』第二巻（筑摩書房、一九九六年）八一頁〕Benjamin, *Gesammelte Schriften*, 1-3, ed. Tiedemann *et al.* (Frankfurt am Main: Suhrkamp, 1974), p. 1238; Giorgio Agamben, “Teoria delle segnature,” in *Signatura rerum* (Torino: Bollati Boringhieri, 2008), p. 57.〔「しるしの理論」、『事物のしるし』岡田温司ほか訳（筑摩書房、二〇一一年）八七頁〕

図12　エルヴェ・ディアスナス『ドナバ、あるいは最初の沈黙』（1987年）［口絵］

在しないテクストの綴りをほとんどつかえながら読みあげ、図面のなさによって導かれるがままになる。その身振りの書きものは書きものならざるものを書く。それは、舞踊の書きものならざるものである。[5]

2　身体

ハインリヒ・フォン・クライストの「マリオネット劇について」以来、マリオネットは舞踊の紋章に書きこまれている。[6] クライストはここで三つの原理を定めている。一。舞踊手の生きた身体よりマリオネットのほうが優位にあるということ（付随的命題――踊るということはマリオネットの重心に転位されなければ意味がない）。二。優美さと意識のあいだの均整は逆転させられるということ。三。認識は無限を横断しなければマリオネットの楽園めいた身体に達することはできないということ。

知ってのとおり、このパラダイムは現代演劇において幸運に浴している。ゴードン・クレイグ、エティエンヌ・ドゥクルー、アントナン・アルトーはそれぞれのしかたで、これを舞台上の身体の原型自体としている。それは俳優を超マリオネットの序列にまで高めるべく人体に対してなされる残酷な、全面的な脱組織化である。

ディアスナスの舞踊作品『ドナバ、あるいは最初の沈黙』は、現代演劇において身体についてなされた並外れた熟考であり、そこではマリオネットの優位があらためて問いに付されている。幕が上がると、舞踊手の身体は舞台上方に宙吊りにされて揺れているが、それが突然崩れ落ちる。そのとき、舞踊手の背後にある壇に座っているマリオネットが、自分を繋ぎ止めていた糸を一つの身振りで切断する。地面に落ちた舞踊手の身体は、限界のない動物的生成に住み憑かれる。なかばゴーレムにしてなかば昆虫、サルかと思えばサソリにもなる彼は這い、痙攣し、ぐらぐらと揺れ、それから垂直姿勢を暫定的に取り戻す。クライストのテクストに対するこの天才的な偽造において、マリオネットは舞踊の楽園めいたパラダイムであることをやめる。舞踊は今、一方の人体と、他方の単なる木製の存在に縮減された人形、

＊5 「舞踊の書きものならざるもの（choré*a*-graphie）」は「chorégraphie」の「-graphie（書きもの）」の部分に否定辞「a」を加えた造語。この「a-graphie」は直前の「書きものならざるもの（non-écriture）」に対応している。以下も参照。ソポクレス『アンティゴネー』454 ; Agamben, "La fine del pensiero," in *Il linguaggio e la morte* (Torino: Einaudi, 1982 [2008]), p. 138.〔「思考の終焉」、『言葉と死』上村忠男訳（筑摩書房、二〇〇九年）二五〇頁〕

＊6 Heinrich von Kleist, "Über das Marionettentheater," in *Sämtliche Werke und Briefe*, 3, ed. Klaus Müller-Salget (Frankfurt am Main: Deutscher Klassiker Verlag, 1990), pp. 555–563.〔「マリオネット劇場について」、『クライスト全集』第一巻、佐藤恵三訳（沖積舎、一九九八年）四七二―四八三頁〕以下も参照。Agamben, "La 121ª giornata di Sodoma e Gomorra," *Tempo presente*, 11, no. 3/4 (Roma: SugarCo, 1986), p. 65.

この両者のあいだの空間にまるごと身を保っている。このようにして、舞台上の身体をマリオネットに等しいものにしようとする近代の企図は、いかなるノスタルジーもなく置き去りにされる。舞踊手の身体とマリオネットの身体とが互いに触れあうようになるその瞬間に、ディアスナスはまるで来たるべき身体の図表を描いているかのようである。

3 時間

時間と空間はイマヌエル・カント以来、汲み尽くしえないもののもつ二つの次元に他ならない。[*7] というわけでポール・ヴァレリーは「黙劇」におけるマラルメの身振りをたどりつつ、舞踊に固有の時間的次元を、切迫のなかにあらためて見いだすことができた。[*8] これと同じ意味で、偉大な女舞踊手（バイラドーラ）ロシータ・ドゥランを前にしたラモン・ガヤは、彼女は踊っているのではなく、舞踊の生起すべき空間を創造しているのだと書いていた。[*9] 熱に浮かされてもいれば仮借なくもあり、預言的でもあれば宙吊り的でもあるこの切迫の時間が、イサドラ・ダンカンからマリー・ヴィクマンに至るモダン・ダンスのテンポをしるしづけるものであるということに疑念の余地はまったくない。舞踊手の身体は文字どおり切迫によって責めたてられ、自分自身を見抜くことにたえず専心している。

ディアスナスはその反対に、いっさいの時間が汲み尽くされたとき、生起すべてのことが生起したときに踊りはじめる。切迫とは用済みの抜け殻であって、この舞踊手はそれを自分の背後に放置する。人はもはやそこからは何も抽き出すことができない。その固有の時間は永遠に起こりそこねている時間である。それはサミュエル・ベケットが「〈けっしてない〉の刻限」[*10]と呼んでいる時間である。この時間についてベケットは、始め甲斐があるというには短すぎるし、かといって再開しないには長すぎると言っている。ディアスナスはある二次的な時間性において、時間が時間であるためにかける時間のようなもの、時間がいつも時間より遅れているか、時間より先になってしまっている時間のようなものを練りあげている。彼は当然のことながらつねにしくじる。彼はフランツ・カフカの語っているメシアのようである。そのメシアは自分の到着の翌日、もはや救済すべきものが何もないときになってはじめて到着するという。[*11] 彼の身振りの特質はここに由来する。彼の身振りはもはや預言でも記憶でも、再開でも告知でもない。それは大道芸人の逃げ腰の身振り、記憶の及ばないほど太古からの身振りを思わせ

＊7　以下を参照。Immanuel Kant, *Werke*, 3 (*Kritik der reinen Vernunft*), ed. Ernst Cassirer (Berlin: Bruno Cassirer, 1922), pp. 55–79.〔『カント全集』第四巻（『純粋理性批判』上巻）有福孝岳訳（岩波書店、二〇〇一年）九五―一二八頁〕

＊8　以下を参照。Paul Valéry, "L'âme et la danse," in *Œuvres*, 2, ed. Jean Hytier (Paris: Gallimard, 1960), p. 158.〔「魂と舞踊」伊吹武彦訳、『ヴァレリー全集』第三巻（筑摩書房、一九六七年）九八頁〕

＊9　以下を参照。Ramón Gaya, "Pastora Imperio," in *Obra completa*, ed. Nigel Dennis *et al.* (Valencia: Pre-Textos, 2010), p. 146. なお、ラモン・ガヤが論じている女舞踊手はロシータ・ドゥランではなくパストーラ・インペリオ（アガンベンの記憶違い）。以下も参照。Agamben, "Ramón Gaya," *Prospettive settanta*, no. 2/3 (Napoli: Guida, April–September 1978), p. 57.

＊10　Samuel Beckett, *Mercier et Camier* (Paris: Minuit, 1970), p. 129.〔「メルシエとカミエ」、『初恋　メルシエとカミエ』安堂信也訳（白水社、一九七一年）一九三頁〕

る。あるいはまたそれは次のような、メシア誕生の夜を描写する外典福音書の言葉を思わせる。「私は歩いており、歩いていなかった［……］。彼らは噛んでおり、噛んでいなかった［……］。羊飼いは叩くために手をもち上げており、その手は上で止まっていた」[*12]。

4　背景のない存在

冬サーカス劇場（シルク・ディヴェール）での道化師フラテッリーニ一座の見世物について、ジークフリート・クラカウアーは一九二六年に次のように書いていた。いわく、彼らの身体の諸要素は有機体の部分であることをやめ、さまざまな線や点といった抽象物になり、もはや何も人間的なところのない形象のなかに書きこまれ、その後で突然、同一性をあらためて見いだす。「ぶかぶかズボンの襞、上着の白ボタン、わずかに拡げた指。これらの構成要素はすべて、かつては一つの有機体のなかに収まっていた。その有機体が幻にすぎなかったとしてもである――それが今や、人間的なものを影に至るまで払拭した一形成物の線や点や平面となっている。それは植物のように成長するわけでもない。それはまったく成長しない。海のサンゴほどにも成長しない。それはむしろ、研究者には謎解きできない未知の言語で書かれたモノグラムである。このヒエログリフは空虚のなかに荘厳に立っている［……］。ほんの一瞬で、無のなかに書きこまれていた書きものは崩れ落ちる。その曲線要素は、小椅子へと下りてくる四肢と胴体になる［……］」[*13]。

これと同じように、一九九五年二月にバスティーユ劇場の舞台で、『夜明けの微笑』の一挿話において、ディアスナスは鞄の上に裸足を無頓着に置く。すると突然、その足が人体から離脱して形而上学的な操り人形へと変容し、十分ほどにわたって、出会いと一目惚れと別れからなる忘れがたい話を編みあげる。だが、手が突然に現れて鞄の取っ手をつかんだ瞬間、それは単なる足という本性に戻り、莫迦莫迦しくも、残虐にも靴を履きなおして歩かなければならなくなる。ところで、黙劇俳優の足が操り人形という役をすでに離れ、まだ歩行機能に戻っていない短い宙吊りの時間において、形式と無形なものとを超えたその向こう、表現可能なものと表現不可能なものとを超えたその向こうに、背景のない存在が現れる。

---

*11 以下を参照。Franz Kafka, *Kritische Ausgabe: Nachgelassene Schriften und Fragmente*, 2-1, ed. Jost Schillemeit (Frankfurt am Main: S. Fischer, 1992), pp. 56–57.〔『カフカ小説全集』第六巻、池内紀訳（白水社、二〇〇二年）六三―六四頁〕

*12 「ヤコブによる原福音書」18:2. 以下も参照。Agamben, "Fiaba e storia," in *Infanzia e storia* (Torino: Einaudi, 1979 [2001]), p. 137.〔「おとぎ話と歴史」、『幼児期と歴史』上村忠男訳（岩波書店、二〇〇七年）二二五―二二六頁〕

*13 Siegfried Kracauer, "Drei Pierrots schlendern," in *Schriften*, 5-1, ed. Inka Mülder-Bach (Frankfurt am Main: Suhrkamp, 1990), p. 385.

5　条件

ドゥクルーが黙劇俳優の超越論的条件と俳優の超越論的条件を区別した例は知られている。彼は、二人の罪人を想像してみよう、と言っていた。「一方は猿ぐつわをはめられているが身体は自由である［……］。他方は柱に縛りつけられているが口は自由である［……］。前者は黙劇俳優であり、後者は語る俳優である」[*14]。彼は次のように付け加えている。「二人の罪人のいずれも、踊りたいという気持ちはもっていない」。

今、三人めの罪人を想像してみよう。彼は猿ぐつわをはめられ、かつ柱に縛りつけられている。彼の身体は、ディアスナスによる舞踊の超越論的条件である。この身体の不動性はたえず脱臼して運動となるが、その運動は圧倒的な量の不動性を担っている。言い換えればその身体は、完了済みのあらゆる行為において潜勢力（ないし非の潜勢力）[*15]が手つかずのままであって、その身体の身振りはどれほど自由なものであろうとも、絶対的に何かに結びつけられているということの提示、縮減不可能な潜勢力の露呈でしかない。

6　物

一九二四年から一九二六年にかけて、哲学者アルフレート・ゾーン＝レーテルはナーポリの近郊に住んでいた。エンジンつきの船と格闘する漁師や古い車を発進させようとする運転手を観察することで、彼は一つの技術論を定式化した。その技術論は皮肉にも「壊れたものの哲学（Philosophie des Kaputten）」と呼ばれている。ゾーン＝レーテルによれば、ナーポリ人にとっては事物は壊れてはじめて機能しはじめる。このことが意味するのは、ナーポリ人は事物が機能しなくなってはじめて、技術的な物を本当に取り扱いはじめるということである。それ自体としてはきちんと機能している手つかずの事物はナーポリ人を苛立たせる、おぞましいものである。ともあれ、ちょうどいい場所に木片を差しこんだり、ちょ

*14 Étienne Decroux, "Un débat imprévu," in *Paroles sur le mime* (Paris: Librairie Théâtrale, 1994), p. 66.〔「思いがけない論争」、『マイムの言葉』小野暢子訳（ブリュッケ、一九九八年）七三頁〕

*15 「非の潜勢力（impuissance）」は通常は「無能力」と解されるが、ここでは「しないことができるという潜勢力」という意味あいと解する。以下を参照。Agamben, "Bartleby," in *La comunità che viene* (Torino: Einaudi, 1990 [Torino: Bollati Boringhieri, 2001]), pp. 33–35.〔「バートルビー」、『到来する共同体』上村忠男訳（月曜社、二〇一二年）四九—五三頁〕 Agamben, "Bartleby o della contingenza," in Gilles Deleuze & Agamben, *Bartleby: La formula della creazione* (Macerata: Quodlibet, 1993), p. 48.〔『バートルビー 偶然性について』高桑和巳訳（月曜社、二〇〇五年）一四—一五頁〕 Agamben, "La potenza del pensiero," in *La potenza del pensiero* (Vicenza: Neri Pozza, 2005), pp. 280–282.〔「思考の潜勢力」、『思考の潜勢力』高桑和巳訳（月曜社、二〇〇九年）三四二—三四四頁〕 Agamben, "La passione della fatticità," in *La potenza del pensiero*, pp. 313–315.〔「現事実性の情念」、『思考の潜勢力』三八四—三八六頁〕 Agamben, "*Pardes*," in *La potenza del pensiero*, pp. 358–359.〔「パルデス」、『思考の潜勢力』四三六—四三七頁〕 Agamben, "Su ciò che possiamo non fare," in *Nudità* (Roma: Nottetempo, 2009), pp. 67–68.〔「しないでいられることについて」、『裸性』岡田温司ほか訳（平凡社、二〇一二年）七八頁〕 Agamben, "Le due ontologie, ovvero come il dovere è entrato nell'etica," in *Opus dei* (Torino: Bollati Boringhieri, 2011), pp. 109–110.

うどいいタイミングで蹴りを入れたりすることで、ナーポリ人は自分のちょうど望むとおりに物を働かせることに成功する。哲学者ゾーン＝レーテルによれば、この振る舞いは最高の技術論的パラダイムを含意している。すなわち、本当の技術が始まるのは、人間が機械の敵対的・盲目的な自動性に対立し、機械を思いがけない領域上へとずらすときである。ナーポリの街路でバイクのエンジンをクリームミキサーへと変容させていたあの少年のようにである。[*16]

　この壊れたものの哲学とディアスナスの舞踊のあいだには秘密の血縁関係がある。この血縁関係はまた、ゾーン＝レーテルのバイク・クリームミキサーとディアスナスによって舞踊作品中に挿入される物のあいだにもある。ここで超マリオネットの技術化された身体から何かが生き延びているとしても、それは即座に、まったく予期していなかったねらいのために用いられるべく転置される。それが転置される地平とは、生きている身体が動きをもたない物とのあいだにもつ技術・関係という新たな経験の地平である。この新たなテクノロジーは、アルフレッド・ジャリが『超男性』において制定している身体と機械のあいだの関係のことを思い出させる。そこでは、アンドレ・マルクイユと彼に愛の霊感を吹きこむべき電気じかけの機械は、生物と無機物が互いに役割を交換するような独特な一つのシステムへと溶けこんでいく。[*17]

　自分の演劇における物は付随物ではなく、俳優という生きた有機物とともに演じはじめる生きている物（ビオ－オブジェ）なのだとタデウシュ・カントルは言っていた。[*18] これと同じことが、『ナイ』の棒にも、『ドナバ、あるいは最初の沈黙』における発光チューブとマリオネットにも、さらには『夜明けの微笑』における鞄と、覆いのかかった二つの小さな人形にも言えるだろう。これらに応ずるのが、舞踊手の身体から離脱して自分で演じはじめる手や足である。ここではもはや、物のシュルレアリスム的な転用におけるような、乗り越えるべき美的境界線などは問題にならない。問題となるのは身体の新たなテクノロジーである。というのも、そこでは身体が一人称で含意されているからである。そこでそのつど創造されるのは、身体と物とからなる新たなシステムである。そこで物が機能しはじめるのは、それ固有の機能を喪失し、身体とともに創造的な無差異の地帯へと入るときである。[*19] ディアスナスの舞踊はこの新たなテクノロジーの方法的踏査であり、身体の経験の『新オルガノン』のような何かである。[*20]

＊16　以下を参照。Alfred Sohn-Rethel, "Ideal des Kaputten," in *Ideal des Kaputten*, ed. Bettina Wassmann (Bremen: Bettina Wassmann, 1979［Frickingen: Seutter, 2008］), pp. 31–35. 以下も参照。Agamben, "Gli aiutanti," in *Profanazioni* (Roma: Nottetempo, 2005), p. 34.〔「助手たち」、『瀆神』上村忠男ほか訳（月曜社、二〇〇五年）四四頁〕Agamben, "Il corpo glorioso," in *Nudità*, pp. 140–141.〔「天の栄光に浴した身体」、『裸性』一五八―一五九頁〕なお、ゾーン－レーテルの表現は正確には「壊れたものの哲学」ではなく「壊れたものの理想（Ideal des Kaputten）」。

＊17　以下を参照。Alfred Jarry, *Le surmâle*, in *Œuvres complètes*, 3, ed. René Massat (Monte-Carlo: Éditions du livre, 1948), pp. 222–229.〔『超男性』澁澤龍彥訳（白水社、一九八九年）一八四―一九六頁〕以下も参照。Agamben, "Jarry o la divinità del riso," in Alfred Jarry, *Il supermaschio*, trans. Agamben (Milano: Valentino Bompiani, 1967), pp. 155–157.

＊18　以下を参照。Tadeusz Kantor, "Dalszy rozwój: Przedmiot," in *Wielopole, Wielopole*, ed. Barbara Borowska (Kraków-Wrocław: Wydawnictwo Literackie, 1984), p. 132 ; Kantor, "Przedmiot," in *Metamorfozy*, ed. Krzysztof Pleśniarowicz (Kraków: Cricoteka, 2000), pp. 141–142.〔「オブジェ」、『死の演劇』松本小四郎ほか訳（ＰＡＲＣＯ出版、一九八三年）五三―五四頁〕

＊19　本書「ニンファ」註＊37を参照。

*20　身体の経験における方法的逆転を、フランシス・ベイコンの試み――アリストテレスが「オルガノン」(論理学著作群)で演繹を絶対視したのに対して『新オルガノン』で帰納の方法的重要性を説いて演繹/帰納の評価を逆転した――になぞらえている。以下を参照。Francis Bacon, *Novum organum*, in *Collected Works*, 1 (1879 edition) (London: Routledge, 1996), pp. 149–365.〔『ノヴム・オルガヌム』桂寿一訳(岩波書店、一九七八年)〕

哲学者とムーサ（一九九四年）

芸術自体を唯一の内容としてもつような芸術、芸術作品の真理を露出させるような芸術的メタ芸術は可能だろうか？

芸術においては、そこにこそ完全なメタ言語活動の問いがある。

論理学においてメタ言語活動は、対象となるほうの言語活動とメタ言語活動とが明瞭に区別されることではじめて、つまりメタ言語活動がその対象となる言語活動に対してより高い次元を所有することではじめて正しく提示されうる。

芸術にとっては、芸術においては、このより高い次元をどこに見いだせばよいのか？

芸術的メタ言語活動の原理として措定されるのは芸術的主体性であると言われたことがある。じつのところロマン的アイロニーは、創造者たる主体がその作品に対して上位にあるということにもとづくメタ言語活動であるように思われる。しかしながらこのメタ言語活動は、物質と見なされた芸術に対して行使されるあいだしか存続しえない。[*1]アイロニーが芸術の形式を備給するのであれば、主体もまたこのプロセスのなかに引きこまれてしまい、もはやメタ言語活動として有効な支点を提供しない。ロマン的アイロニーは、その最終的形式においては芸術作品自体の絶対的な自己露出である。芸術作品は自らを無化する無、それによって自らを露出させる無である。つまり、芸術はそれ自体において芸術自体の無限の乗り越えを含んでいる。だがまさにそれゆえに、いかなる芸術的メタ言語活動も本当には可能ではない。ロマン主義の詩は「発展的普遍文学」[*2]である。言い換えれば、それは批評にして哲学である。

古代世界では、芸術の可能なメタ言語活動の基礎に、これとは異なるより客観的な原理がある。その原理とはムーサ的なものである。つまり、芸術の複数性にして芸術の起源の不在のことである。

芸術が自らの由来である原理に到達することができないということ、語る人間があらゆる始まりを免れてしまっているということ、このことは古代世界ではムーサと呼ばれている。このムーサという名自体は――これは山のニンファ（「mont-ja（山娘）」）、つまり生の純粋な諸力を人格化したものとしての思春期の娘を表しているが――言語活動を越えたその向こうの、神格化された自然の圏域を参照させるものである。踊る娘たちのコロスとしてのムーサたちは――プラトンは彼女たちをニンファ的なムーサたちと呼んでいるが[*3]――、言葉を詩人に与えるまさにその瞬間に言葉の原理を保存するが、その原理は詩人にとっては実行不可能な原理である。

それゆえ、哲学は自分が芸術より高位にあるとする主張をムーサたちに基礎を求めて打ちたてる。この主権者的な身振りによって哲学は詩の原理自体を味わい、自分は「最高のムーサの術」[*4]であると断言する。

ある古代の証言によれば、ヘラクレイトスの難解な本は『ムーサたち』と題されていたという。[*5] プラトンは、英雄神ヘカデモスの名のついたギュムナシオンの近くにあるオリーヴの植わった庭を買ったが、その庭の中心にはムーサたちの聖域がしつらえられていた。[*6] 「アリストン［プラトンの父親］はヒュメ

---

*1 芸術／アイロニーが物質／形式（つまり質料／形相）に対応させられている。ロマン的アイロニーについては以下も参照。Giorgio Agamben, "Un nulla che annienta se stesso," in *L'uomo senza contenuto* (Milano: Rizzoli, 1970 [Macerata: Quodlibet, 1994]), p. 83.〔「自己を無にする無」岡部宗吉訳、『中味のない人間』（人文書院、二〇〇二年）八一頁〕Agamben, "Beau Brummell o l'appropriazione dell'irrealtà," in *Stanze* (Torino: Einaudi, 1977 [2006]), p. 63.〔「洒落男ブランメル、あるいは非現実性の出現」、『スタンツェ』岡田温司訳（筑摩書房、二〇〇八年）一一五頁〕

*2 Friedrich Schlegel, "Fragmente," in *Werke in zwei Bänden* (Leipzig: Aufbau-Verlag, 1980), p. 204 [116].〔「アテネーウム断章」山本定祐訳、『ドイツ・ロマン派全集』第十二巻（『シュレーゲル兄弟』）（国書刊行会、一九九〇年）一五七—一五八頁〕以下も参照。Walter Benjamin, *Der Begriff der Kunstkritik in der deutschen Romantik*, in *Gesammelte Schriften*, 1-1, ed. Rolf Tiedemann *et al.* (Frankfurt am Main: Suhrkamp, 1974), p. 91.〔『ドイツ・ロマン主義における芸術批評の概念』浅井健二郎訳（筑摩書房、二〇〇一年）一九〇頁〕Agamben, "Prefazione," in *Stanze*, pp. xii.〔「プロローグ」、『スタンツェ』九—一〇頁〕

*3 以下を参照。プラトン『法律』775b.

*4 プラトン『パイドン』61a. 以下を参照。Agamben, "Settima giornata," in *Il linguaggio e la morte* (Torino: Einaudi, 1982 [2008]), p. 98.〔「第七日目」、『言葉と死』上村忠男訳（筑摩書房、二〇〇九年）一八二頁〕なお、「ムーサの術（mousikē）」はふつうに読めば「音楽」。

*5 以下を参照。ディオゲネス・ラエルティオス『ギリシア哲学者列伝』9, 1, 12. 以下も参照。プラトン『ソピステース』242d.

*6 以下を参照。ディオゲネス・ラエルティオス『ギリシア哲学者列伝』4, 1, 1.

ーットス山で「息子の誕生を祝うべく」ムーサたちやニンファたちに犠牲を捧げた」[*7]とアイリアノスは書いている。

だが、それでも哲学は単にメタ芸術なのか？　芸術の言語活動の真理を露出させるメタ言語活動なのか？

ある詩人を想像してみよう。その詩人は、ムーサからまさに言葉の分け前を受け取ろうとするところだが、その言葉を口にして磁力の通った伝承の鎖へとその言葉を引き渡してしまうのではなく[*8]、ムーサのほうを向いてその目にまなざしを向け、ムーサを理解しようとする。

その詩人が哲学者である。

（霊感を吹きこまれるのではもはやなく、霊感自体を、精神を捉えること。無意識の能力ではなく、完全な意識へと運ばれた無能力。）

自分の舌がムーサの舌と絡みあうとき、詩人には何が見えるのか、詩人は何を言うのか？（「本当に！　彼は言語に接吻したにちがいない（So wahr ! Er muß die Sprache geküßt haben）[*9]」。）

たしかに、それはメタ言語活動ではない。それはむしろ、あらゆるメタ言語活動の廃墟にしてそのラディカルな不可能性である。絶対的に前提のない言葉である。

言葉がもはや別の言葉を前提することのない言語活動において、その点に到達すること。それが、ムーサの運命づける言葉である。そして、その点においてムーサ自身を露出させ、ムーサを廃棄し、絶対的に運命のない原理のなかに身を置くこと。

「それらはみな、たしかに女性だが、おしっこをしない」[1]。詩人ボッカッチョのこの判断にはムーサ的なものの哲学が含まれている。言葉の原理は一人の女性——一人の生きた存在、非言語的な存在——であるが、それは「おしっこをしない」女性（言語的な非言語的なもの）である。トルーバドゥールたちの詩——そして清新体詩——をボッカッチョはまだ自分に近い過去、とはいえもう取り返しのつかない過去と見なしていたが、まさに彼らの詩はムーサと愛を交わす試みだったのではないか？（アルノー・ダニエルの加わったトルーバドゥールたちの論争では、詩の原理と交わすこの性的関係の諸様態が細部に至るまで描写されている。エナないしアイナというのがその原理の名である。[*10]）

哲学は、真理に関して真であることを言う言説ではない。それは諸言表が有効である諸条件を言表す

＊7 クラウディオス・アイリアノス『奇談集』10, 21.

＊8 以下を参照。プラトン『イオン』533 d–534 c. 以下も参照。Agamben, "L'origine e l'oblio," in *La potenza del pensiero* (Vicenza: Neri Pozza, 2005), pp. 197–198.〔「起源と忘却」、『思考の潜勢力』高桑和巳訳（月曜社、二〇〇九年）二四六—二四七頁〕Agamben, "Settima giornata," p. 98.〔「第七日目」一八二頁〕

＊9 Bettine［Bettina］von Arnim, *Die Günderode*, in *Werke und Briefe*, 1, ed. Walter Schmitz *et al.* (Frankfurt am Main: Deutscher Klassiker Verlag, 1986), p. 430. ここで言われている「彼」はフリードリヒ・ヘルダーリン。なお、「舌（langue）」は言語をも意味する（引用中の「言語（Sprache）」のほうにはこの含意はない）。ベッティーネ・フォン・アルニムによるヘルダーリン訪問については以下も参照。Agamben, "La struttura originale dell'opera d'arte," in *L'uomo senza contenuto*, p. 143.〔「芸術作品の根源的構造」多賀健太郎訳、『中味のない人間』一四一頁〕

1 ボッカッチョ『コルバッチョ』175.〔本書「ニンファ」第九節も参照〕

＊10 以下を参照。Agamben, "Corn'," in *Categorie italiane* (Venezia: Marsilio, 1996［Roma: Laterza, 2010］), pp. 27–44.〔「コルン」多賀健太郎訳、『イタリア的カテゴリー』（みすず書房、二〇一〇年）四七—八一頁〕

る諸命題を延々と並べたものではない。哲学とは行動であり、言葉が白日のもとに到来するということである。それは、踊る娘たちのコロス、ニンファのコロスである。

「ムーサ自身が国家の主権者になったならば〔……〕」[2]。

ムーサを目にし、ムーサを言う者は、しかじかの神秘を目にし、その神秘を言うのではない。そうではなく、彼は単にあらゆる原初的神秘の不在を目にし、その不在を言うのである。彼は言葉自体を原理に置くことで言葉の原理の神秘を解体する。だが、このような言葉の原理へのとどまりかたとは愛であり、それは共同の生である。（「言葉において生が生み出された〔……〕」[*11]）

思考の形式に関する問いを自ら立てる思考だけが真剣な思考である。何かを哲学的に露出させるということが困難なのは、それが「一つの」文体を見いだすことでは満足できず、いわば文体の文体を見いださなければならないというところに存している。じつのところ、哲学が露出させなければならないものは言語活動のただなかで諸命題において分節化される言説ではない。哲学は、言語活動自体を言う言説を露出させなければならない。

その原理――ムーサ――は詩人を免れ、それは詩人にとってはそのつど言語活動において文体として自らをしるしづけるが、それが今、それ自体、言葉へと到来するのでなければならない。

原理にある言葉とは、ムーサの懐胎である。

2　プラトン『国家』499 d.

*11　「ヨハネによる福音書」1:4. 以下も参照。Agamben, "Il sogno della lingua," in *Categorie italiane*, p. 58.〔「言語の夢」前木由紀訳、『イタリア的カテゴリー』一〇六―一〇七頁〕

III　絵画をめぐって

イメージの向こうの国（一九八〇年）

古代絵画において風景が誕生したのはかなり後になってからのことである。この誕生は演劇と関係づけなければ、つまり喜劇的ないし悲劇的な言葉の圏域と関係づけなければ理解することができない。この結びつきは、古代世界が風景画を「舞台背景（skēnographia）」と表していることからもすでに明らかである。

風景画による装飾に関するラテン語による最古の証言の一つを読むと、それがエクセドラや柱廊を「悲劇的、喜劇的、もしくはサテュロス劇的なしかたで（tragico more aut comico seu satyrico）」[1] 舞台の前飾りのように装飾する必要から生まれたということがわかる。つまり、カンパーニア地方の古代邸宅に描

1　ウィトルウィウス『建築について』7,5,2.〔エクセドラとは比較的大きめの半円形の凹（くぼ）みが壁面にしつらえられたもの〕

かれた風景の残骸において私たちを今日かくも驚かせる石化した夢の沈黙は、古代世界にあっては、舞台前景への登場として知覚されていたということである。その舞台の黙した背景には悲劇の主人公や喜劇の登場人物の声が響きわたり、コロスの幾何学的な舞踊が動きまわっていた。

人間の登場人物を背後に呑みこんでしまうほどに舞台が前景化されるということは、劇の意図を放棄するものであるどころか、いわば完了させるものである。というのも、フランツ・ローゼンツヴァイクの深い直観によれば、悲劇の主人公がもっているのは彼に完全に対応している言語活動だけ、つまり沈黙だけだからである。この沈黙を表象できるように創造された劇の芸術的形式が悲劇的なものなのである。[*1] 悲劇の主人公が緘黙していることは――彼は喜劇において言葉をあらためて見いだすが、それは強情者という単一の特徴において、自らを言うことを諦めるかぎりにおいてである――彼が舞台に呑みこまれるということによってただ汲み尽くされるだけであって、廃棄されるわけではない。風景は、人間において言われえないもの、言いえないものが表象される場となる。古代劇は自らの謎を風景において解きほぐすのではなく、むしろあらためて錯綜させる――そのようにして古代劇は自らの謎を唯一可能なしかたで完了に至らせる。

風景画には人間の姿が含まれていることもしばしばであるが、それでも風景画は古代において、美しい人間の姿の表象には対立していた。セラピオ――ロマン主義者たちによって幾度となく取りあげられた伝説によれば風景画を発明したとされている画家――について、プリニウスは「彼は舞台背景を描くことにかけては最高だったが、人間を描くことはできなかった（hic scænas optime pinxit, sed hominem pingere non potuit）」[*2] と言っている。人間を描けないというこの不可能性は、人間的なものを遠ざけたことから生まれるのではなく、その反対に、風景が人間的なものをその唯一の次元において表すものであるということから生まれる。最も原初的で表現不可能なその次元を、近代は感情なるもののなかに見いだそうとすることになる。心理学のような何かが古代世界に出現するとき、それは風景という形式で出現したのだと言うことができる。その出現が起こったのは小さなうろたえた人間の姿が歩きまわるあの眺望においてであるが、私たちは不正確にも、そこに自然の「精神化」や「神話化」を見て取ることに慣れてしまっている。

この霊魂の場は古代世界にとっては神々の圏域や神話の言葉と一致するものだが、それに対して近代世界はこれを心理学という次元に書きこむ。この霊魂の場が風景においてはその原初的な純粋さにおいて出現している。風景の神秘とは、この次元を手つかずのまま保存するというものである。人間がつねに自分の外へ、神的なもののあまりに輝かしい圏域のなかへ踏み迷おうとし、あるいはまた自分のなかへ、感情と欲動からなる不明瞭な劇作術のなかへと踏み迷おうとするあの次元をである。神学と心理学は、人間という舞台上でつねにふたたび閉ざす二枚の幕である。

ルッジェーロ・サヴィーニオの絵画が場を見いだすのはこの次元においてである。しかしながら、こ

＊1　以下を参照。Franz Rosenzweig, *Der Mensch und sein Werk*, 2 (*Der Stern der Erlösung*), ed. Reinhold Mayer (Den Haag: Martinus Nijhoff, 1976), pp. 83–84. 〔『救済の星』村岡晋一ほか訳（みすず書房、二〇〇九年）一一五頁〕以下も参照。Agamben, "Ottava giornata," in *Il linguaggio e la morte* (Torino: Einaudi, 1982 [2008]), p. 111. 〔「第八日目」、『言葉と死』上村忠男訳（筑摩書房、二〇〇九年）二〇五頁〕

＊2　ガイウス・プリニウス・セクンドゥス『博物誌』35, 37, 113.

の場への到達によって立てられる問題は単純ではない。じつのところ、古代世界に対して近代世界は必然的に逆の観点から出発して風景に到達する。古代世界が、風景の次元が神的なものから引き剝がされて心理学的境位へと沈みこんでいく直前に当の次元を捉えていたのに対して、近代人は、風景をあらためて見いだすには風景をそれ固有の内面性から解き放ち、とはいえそれが神話のなかに逃れて行くにまかせてはならない。これが、サヴィーニオの直面する困難である（彼は自分のイメージをユング的な意味で心理学的に読むということに対してはっきりと警戒している）。彼は突飛なまでの明晰さをもって、絵画の問題を崇高の問題として定式化することで、この困難に直面している（「そう、この問題は次のように立てることができるだろう。どのようにすれば崇高に到達することが可能か？」[*3]）。

私たちはイマヌエル・カントが『判断力批判』において崇高を扱ったしかたを背景としてこの用語を理解しなければならない。そもそも『判断力批判』は、フィリップ・オットー・ルンゲからカスパール・ダーフィト・フリードリヒに至る、ロマン主義における風景画に関する全議論の当然の参照点となっている。「崇高（das Erhabene）」はそこでは、「その表象が、自然の到達不可能性を諸理念の叙述として考えるように心を規定するというような（自然の）対象[2]」と定義されている。あるいはさらに単純に、「自分の想像力がこの理念に対して不適合であるという感情[*4]」とも定義されている。この不可能性の経験において、想像力は一種の全燔祭（ぜんはんさい）を完了させ、無縁の法に全面的に屈服する。しかしながら、この自己犠牲を通じて、想像力は自分の権力を超えた向こう側にあるものを——否定的なしかたでではあれ——実現する。それは目に見えないものを露呈させるということ、つまり理念を露呈させるということである。ダヴィッド・ダンジェがフリードリヒの絵について「風景の悲劇への旅[*5]」と語ることができたのはその意味においてかもしれない。それと同じように、捉えられないものを提示しようとするサヴィーニオの意図（「美は捉えられない。だが提示不可能でもあるのか？」[*6]）もこの方向において理解する必要がある。このようにしてサヴィーニオは自分の考えを、埋めることのできない隔たりの経験と即座に結びつけなおす。その隔たりは、考えるに最もふさわしいものとして美的反省の黎明期に出現したが、その後、美学が「美しいものの学」として発展することでほとんど全面的に覆い隠されてしまったものである。この点で、崇高の問題は、それ以来つねに絵画と哲学に共通のテーマとなっているもののありかた、つまりイメージのありかたの問題となる。

イメージの問題についてのあらゆる探究は何よりもまず、この用語が私たちの文化においてはある不可能なものを表すものであるということを認めるところから始まるのでなければならない。じつのところイメージとは、西洋形而上学がそのまさに中心的な謎の解決を探し求めてきた当の場である。その解

---

*3　Ruggero Savinio, "L'età dell'oro," in *Ruggero Savinio* (Milano: Galleria Bergamini, 1978), no pagination.

2　Immanuel Kant, *Kritik der Urteilskraft*, in *Werke*, 5, ed. Ernst Cassirer (Berlin: Bruno Cassirer, 1922), p. 340.〔『カント全集』第八巻（『判断力批判』上巻）牧野英二訳（岩波書店、一九九九年）一四五頁〕

*4　Kant, *Kritik der Urteilskraft*, p. 323.〔『カント全集』第八巻、一二三頁〕

*5　David d'Angers, *Souvenirs de David d'Angers*, ed. Léon Cerf (Paris: La Renaissance du livre, 1928), p. 105. 正確には、ダンジェは「風景の悲劇への一種の行程（une espèce d'itinéraire vers la tragédie du paysage）」と言っている。

*6　Savinio, "L'età dell'oro," no pagination.

決とは可感的なものと可知的なものの合一、多と一の合一のことである。イメージがそれ自体、逃れられない原初的二元性を帯びているのはそのためである。イメージは反復可能・複製可能なものの最たるものだが、それはまた唯一のものの出現でもある。これとともに、プラトンの『パイドロス』以来、美に関するあらゆる理論が必然的に陥らざるをえなくなっている逆説も立てられる。すなわち、しかじかのイデアの現れである以上、イメージは唯一のものに属しているが、そのイデアの可感的イメージを表明している以上、それは複製可能性の原理自体である、という逆説である。

この矛盾はプラトンにおいてはエロースと呼ばれている。カントにおいては――もしかするとそれが最後のことなのかもしれないが――想像力は、見ることの可能性と不可能性、認識することの可能性と不可能性のあいだの働きにおいてしか定義づけることができないものとして、問題をはらんだもともとの性格を依然として保存している。あらゆるイメージは底知れぬ深淵の上に休らっており、この深淵を認識するということはカントにとっては美的判断である。カント以降の美学の原罪は――その原罪は今日、美学の領域でなされていると主張されるあらゆる探究を取るに足らぬものとして断罪するものであるが――この深淵を、自らの内容を完全に表現・表明する美しい形式という理念によって覆い隠してしまったという罪である。

美しい形式――美的表現であるかぎりの――においては、唯一のものと反復可能なものは同一である。芸術に関する反省を長きにわたって統治している偽の原理はこのように定式化される。(唯一のものは原初的要素であるとするテーゼを単に転倒させることで、複製可能な要素が美しいイメージの本質となる、つまり模像となる、というのであるならば、この原理は乗り越えられていない。)

図 13　ルッジェーロ・サヴィーニオ『黄金時代』(1977 年)
［口絵］

美の本質とは反復可能なものでも唯一のものでもなく、美的形式において両者が同一化されるということでもない。美の本質とは両者のあいだに存在する底知れぬ深淵のこと、つまり両者を即座に廃絶することである。この廃絶——イメージの死——は、美的領域においてけっして捉えることのできないような何かではない。この廃絶はむしろ、見かけのうえでは私たちに名が欠けているように見える一つの場を開く。

『黄金時代』というのが、サヴィーニオが一九七七年からほとんど中断することなく取り組んでいる絵画連作の題名である。空と水からなる変わることのない背景が高さのある岩場で切り取られ、思いにふけりつつたたずんでいる一人の人間の姿がその風景に溶けこんでいる。サヴィーニオ自身は、ニコラ・プッサンの『我もまたアルカディアにありき』において頂点に達する西洋絵画の悲歌的伝統という意味での、失われた楽園の自然さに対するノスタルジーをこの絵に見て取るという解釈を拒絶している。

その由来となっている経験の所与は地中海沿岸での休暇中に撮った数枚のポラロイド写真に他ならない、と彼は書いている。しかしながら、『黄金時代』という題名は――これらの絵に関して言えば――アイロニーではない。この題名はそれらの絵の最も内奥の中心として幸福を指し示している。だが、この幸福はその悲歌的な人間の姿から解き放たれている。その人間の姿は過去のイメージについて観想することもないし、近い未来であれそれほど近くない未来であれ、未来の輪郭を想像することなどなおのことない。この『黄金時代』は何のイメージでもない。むしろ、これらの絵の喜びは即座にイメージの死であり、プロヴァンスの詩人たちにとってこの表現がもっている意味における「至上の愛(fin'amors)」である。それはすなわち完了した愛であって、そこでは、欲望充足を妨げることで欲望をイメージにおいて魅惑されたままにとどめる唯一のものと反復可能なものとが、互いに互いを取り消しあう。

唯一のものと反復可能なものとがともに沈みこむことによって、イメージの向こうの国がついにまなざしに対して解放される。その国にあってはもはや記憶も忘却もなく、記憶の悲歌は讃歌の出現によって中断され、両者が互いに破壊されて、人間の故郷に場を与える。この故郷は――「風景(paesaggio)」という用語がロマンス諸語に出現したのは比較的後になってからのことだが、この用語は「国(paese)」との緊密な結びつきを失ったことはけっしてなく、もともとは同郷の人間が互いにそれとわかる挨拶(「pagensis(お国言葉)」)のことである――神秘的な次元ではなく、絶対的に歴史的な次元である。それはヴァルター・ベンヤミンのいう意味での俗的啓示である。その「イメージ空間であり、より具体的に言えば身体空間である」[*7]空間のなかに、内面的人間、プシュケー、心身を備えた個人といった、近代の神話が人間的なものを構想させるべく私たちになじませるために用いてきたもののすべてが「四肢のいずれも引き裂かれずにはおらずに」[*8]呑みこまれる。だがイメージもまた、単一のものと反復可能なものとの弁証法の外にあってはもはや存在理由をもたず、最後には消滅するのでなければならない。

ディーノ・カンパーナの簡潔な覚え書きは「目眩めく永遠回帰の回転において、イメージは即座に死ぬ」[*9]と言っている。私たちをイメージから解放するために、私たちには絵画が与えられている。絵画はイメージの覆いを美の顔から取り去り、そのようにして美のもともとの場をあらわにする。

サヴィーニオは、絵画のこの歴史的な完了を最も純粋なしかたでなしとげた画家である。人間のまなざしはイメージによってかくも魅了されてきたが、彼の風景においてついにわが家にある。[*10]人間はもは

＊7 Walter Benjamin, "Der Sürrealismus," in *Gesammelte Schriften*, 2-1, ed. Rolf Tiedemann *et al.* (Frankfurt am Main: Suhrkamp, 1977), p. 309.〔「シュルレアリスム」久保哲司訳、『ベンヤミン・コレクション』第一巻（筑摩書房、一九九五年）五一七―五一八頁〕

＊8 Benjamin, "Der Sürrealismus," p. 309.〔「シュルレアリスム」五一七頁〕

＊9 Dino Campana, "Storie, II," in *Opere e contributi*, 2, ed. Enrico Falqui (Firenze: Vallecchi, 1973), p. 444. 以下も参照。Giorgio Agamben, "L'immagine immemoriale," in *La potenza del pensiero* (Vicenza: Neri Pozza, 2005), p. 333.〔「記憶の及ばない像」、『思考の潜勢力』高桑和巳訳（月曜社、二〇〇九年）四〇六頁〕

＊10 「わが家にある」については以下を参照。Martin Heidegger, *Gesamtausgabe*, 29/30 (*Die Grundbegriffe der Metaphysik*), ed. Friedrich-Wilhelm von Herrmann (Frankfurt am Main: Vittorio Klostermann, 1983), pp. 7–8.〔『ハイデッガー全集』第二十九／三十巻（『形而上学の根本諸概念』）川原栄峰ほか訳（創文社、一九九八年）一三頁〕以下も参照。Agamben, "Vocazione e voce," in *La potenza del pensiero*, p. 81.〔「気分と声」、『思考の潜勢力』九六―九七頁〕

や、回想するために目を閉じる必要はない。だから、彼の絵を前にする私たちは、ハインリヒ・フォン・クライストがフリードリヒの風景について言っていたように「まるでまぶたが切り取られているかのよう[*11]」にまなざしを向ける。

＊11　Heinrich von Kleist, "Empfindungen vor Friedrichs Seelandschaft," in *Sämtliche Werke und Briefe*, 3, ed. Klaus Müller-Salget（Frankfurt am Main: Deutscher Klassiker Verlag, 1990), p. 543.〔「フリードリヒの『海の風景』を前にしての感懐」、『クライスト全集』第一巻、佐藤恵三訳（沖積舎、一九九八年）四五八頁〕

顔と沈黙（一九八三年）

シモニデスのとある断章がプルタルコスによって伝えられているが、それは長きにわたる伝承によって幾度も反復され、もともともっていた内容の記憶をついにはすべて失ってしまった。その断章は次のとおりである。「絵画は、沈黙している詩（poiēsis siōpōsa）［……］詩は、語っている絵画（zōigraphia lalousa）」[1]。ここで詩人シモニデスによってなされているのが二つの芸術を概括的に引き比べるということでなく、ここで問われているのが何か一つの本質的関係のようなものだということはプルタルコスの註解によって示唆されている。いわく、「この二つの向かうところ（telos）はただ一つである」[*1]。この向かうところとは何なのか、絵画と詩に共通のこの目的とは何なのか？　そしてさらに一般的に言って、

1　プルタルコス「アテナイ人の名声」（『モラリア』22）3, 346 f.

＊1　プルタルコス「アテナイ人の名声」3, 347 a.

ここでイメージと言葉のあいだに制定されているのはどのようなたぐいの関係なのか？
これらの問いに対する回答は、この断章をその文字どおりのありようへと回復させてやることによってのみ得られる。つまり、シモニデスはイメージは話さないと確認するにとどめているのだとする当然の解釈から撤退することによってのみ得られる。じつのところ、シモニデスの指し示している沈黙はイメージの沈黙ではなく言葉の沈黙である。絵画とは詩が緘黙してしまうということ、言葉の沈黙である——シモニデスはそのように言っている。それは単に、詩が語るのをやめるということではない。それはむしろ、言葉はそこにあり、その沈黙が見えるということである。だが、言葉を沈黙させるということ、言葉の沈黙をイメージにおいて露出するということはどのようにして可能なのか？　そして言語活動の沈黙とは何か？　沈黙する詩とは何か？

これまで、イメージと名のあいだの関係という問題は適切なしかたで考えられずにきた。とくに、題名の問題は今もって芸術理論が渡りあうべき根本的問題のままである。この問題との対決が必要だということは、絵画は名のない世界に座を占めるのではなく、絵画は言語活動によってつねにすでに開かれ明るくされた対象の数々を露出させるものだということに由来している（ギリシア人たちにとって絵画のムーサが存在しないのはそのためである）。このことが意味するのは、絵画は必然的に何かを挿絵のように描き出すものだということではない。このことが意味するのは、名がないということとのあいだに絵画がもっている関係はただちに言語活動との関係だということである。

アウグストゥスの時代の画家クィントゥス・ペディウスはある執政官の家の出身であるが、彼については、生まれつきの唖者だったので弁論家マルクス・ウァレリウス・メッサラの助言にしたがって絵画の道に向かわされたということがわかっている。[2]

絵画は沈黙する詩である。ところが、時間を遡るとイメージの領域と言葉の領域は互いに分離されなくなっていく。ギリシアの壺に描かれた絵画ではアルファベットの文字が奇妙な鳥たちのように背景から浮いて羽ばたいている。エジプトで、描かれたイメージに付されているヒエログリフは、書きものと絵画が互いに見分けられなくなる点を指し示している。さらに古い像も銘文を帯び、語っていた。シュメール王妃ナピル・アスのブロンズ像（紀元前一二五〇年）には次のような銘文が付されている。「私は貴婦人ナピル・アス［……］。私は言う。私のイメージを奪う者、私の名を消す者は、呪われ、名を失い、子孫をもたぬべし［……］」[*2]。ギリシアの彫像もはじめは一人称で語っていた。「私はカレース［……］アポローンのイメージにして喜び（Charēs eimi［...］agalma to Apollōnos）」[*3]。銘文はその後、一人称で「私は……のイメージ（mnēma）」とあることをやめる。そして作者の名が現れる。

銘文は絵画の沈黙から何も取り去りはしない。「声のイメージ（eikones tēs phōnēs）」[3]である文字ほど深く沈黙しているものもない。現代の画家が画布に「エンペドクレス」「黄金時代」「ヨハンネス」と文字

2　以下を参照。ガイウス・プリニウス・セクンドゥス『博物誌』35, 7, 21–22.
＊2　スーサ（イラン）出土の青銅像（ルーヴル美術館所蔵。Sb 2731）の銘文。

図14　ルッジェーロ・サヴィーニオ『ヨハンネス』(1983年)［口絵］

を書いたとしても、[*4] 消えかけた詩文が色彩のかたまりからちらりと姿を見せるとしても、そのことは絵画の沈黙を和らげず、かえって深める。

「静物画」の歴史は絵画に特有の沈黙を特権的なしかたで露出させる。というのも、このジャンルがまなざしへともたらす「静かな生(Stilleben)[*5]」こそまさに、言葉の圏域とじつは内密の接触をもっており、静物画は言葉の圏域においてのみ意味をかなえるからである。「静物画」の起源はオランダの寓意画集に求められるが、じつのところこの起源によって私たちが差し向けられる領域においては、対象は通常の文脈から切り離されて表象され、アレゴリーへと変容する。(このことはヴァニタスにおいては明瞭である。ヴァニタスにおいては、イメージの意味は題名において表現されている意味と一致している。[*6]) 自然の沈黙、寓意的な壊死は、寓意画がそのモットーを書きこむ当の紋章に他ならない。しかしながら、モットーがその身体寓意画集におけるのと同じように、ともにその可知的真理を見いだすのはイメージにおいてのみである。互いになされるこの支えあいと鎮めあい、互いにもたらしあう高揚と別離において、沈黙する言葉と語るイメージというシモニデスの企ては真理に到達する。

＊3　ディデュマ（トルコ）出土の彫像（大英博物館所蔵。BM B278）の銘文。「agalma」（通常は単に「神像、奉納像」と解する）の読みかたについては以下を参照。Ulrich von Wilamowitz-Moellendorff, "Satzungen einer milesischen Sängergilde," *Sitzungsberichte der Königlich Preussischen Akademie der Wissenschaft*, Year 1904, no. 19 (Berlin: Verlag der Königlichen Akademie der Wissenschaften, April 1904), pp. 419–440. 以下も参照。Karl Kerényi, "Agalma, Eikon, Eidolon," in *Scritti italiani*, ed. Giampiero Moretti（Napoli: Guida, 1993), p. 96 ; Giorgio Agamben, "Mme Panckoucke o la Fata del giocattolo," in *Stanze* (Torino: Einaudi, 1977［2006］), pp. 69–70.〔「マダム・パンクーク、あるいは玩具の妖精」、『スタンツェ』岡田温司訳（筑摩書房、二〇〇八年）一二五―一二六頁〕

3　トラキアのディオニュシオス『文法術』への註釈集（スコリア）。以下を参照。Immanuel Bekker, *Anecdota graeca*, 2 (Berlin: G. Reimer, 1816), p. 782.〔ヴァティカン版写本C。正確には「声のイメージが文字である（to tēs phōnēs eikona einai ta grammata）」とある〕

＊4　いずれもルッジェーロ・サヴィーニオの作品（ないし連作）を指す。『エンペドクレス』（一九八三年の連作）、『黄金時代』（一九七七―八一年の連作）のそれぞれ数点に題名の書きこみがある。『ヨハンネス』（一九八四年）にも題名の書きこみがある。その他、『旅中のヘルダーリン』（一九七二年の連作）、『サンタ・ルチーアの夜』（一九八三年の連作）などにもしばしば題名や引用が書きこまれている。

＊5　ドイツ語で「Stilleben（静かな生）」は静物画を指す（英語の「still life」と同じ）。フランス語／イタリア語では「nature morte/natura morta（死んでいる自然）」。

＊6　ヴァニタスは頭蓋骨など、世のはかなさを意味するものが表象される静物画の一ジャンル。ラテン語「vanitas」はもともと空虚であること、虚栄を指す。

というわけで、寓意画が開花したり「静物画」が広まったりするよりもさらに前に、判じものにおいてイメージは文字どおり語り、言葉は沈黙する。『ヒュプネロトマキア・ポリフィリ』においてお墨付きを得た、あの判じものにおいてである。[*7]

絵画に関するプラトンの批判（「イメージのイメージ」[*8]）は、イデア論との緊密な関係において読むだけでなく、紀元前五世紀から四世紀にかけてのギリシア絵画に特有の歴史的発展との緊密な関係においても読むのでなければ意味が理解されない。パラシオスについては、ゼウクシスとの争いの逸話がいまだに有名である。ゼウクシスは一房のぶどうを描いたが、それはあまりに完璧だったのですぐに鳥たちがついばみに飛んで来た。そのゼウクシスに対してパラシオスは一枚の亜麻布を描いた。その亜麻布はあまりに本物らしかったのでゼウクシスは待ちきれず、早くその幕を取り去ってその背後にある絵が見えるようにしてくれと言ったという。プリニウスが物語るところによると、ゼウクシスは自分の負けだと宣言したが、それは、「自分が鳥たちを欺したのに対して、パラシオスのほうは芸術家を欺したからだ（quoniam ipse volucres fefellisset, Parrhasius autem se artificem）」[4]という。

ギリシアの大絵画の写実主義に関して私たちに提供されている情報の数々はあまりにしばしば綿密に記録されてきたものではあるが、この逸話はそれらの情報を離れて、アテナイオスによって記録されているパラシオスの金言とあわせて読まなければならない。それによると、パラシオスは次のように言ったとされる。「絵画の巧みさの限界は私の手によって乗り越えられたと私は断言する。だが、誰も乗り越えることのできないだろう境界がある」[*9]。絵画の巧みさの限界というのは現実の完璧な模倣に存している。すなわちゼウクシスのぶどうのことである。この限界を乗り越えるというのは、パラシオスが幕を描くことでおこなったことである。幕とはつまり、それを越えた向こうにまさしく見るべきものを目が予期する当の何かである。（欺されるということはここでは、現実には見ていない何かが見えたと信ずるということであるより、本当に見るべきものが見えていないと信ずるということである。）「誰も乗り越えることのできないだろう境界」とは、まさに見るべきものを見せる、つまり「幕を取り去って絵を見せる（remoto linteo ostendi picturam）[*10]」）というところに存することになる。

「そこで私は、風景のポリオラマは共約不可能な一つの現実へと開けていると考えはじめた［……］。何か他のものの光景［……］。絵についての考えが私のなかで大きく育っていった［……］。私はますます目を閉じなければならなくなる［……］」[5]。

＊7　以下を参照。Agamben, "Il sogno della lingua," in *Categorie italiane* (Venezia: Marsilio, 1996 [Roma: Laterza, 2010]), pp. 45–60.〔「言語の夢」前木由紀訳、『イタリア的カテゴリー』（みすず書房、二〇一〇年）八三―一一二頁〕

＊8　以下を参照。プラトン『国家』595 a–598 d.

4　プリニウス『博物誌』35, 10, 65.

＊9　アテナイオス『食卓の賢人たち』12, 543 e.

＊10　プリニウス『博物誌』35, 10, 65.

騙し絵にとっては、欺瞞から解かれる瞬間は欺されている瞬間と同じくらい本質的である。欺瞞によってさらにイメージを探し求めるよう仕向けられていた目は、欺瞞から解かれる点において突然イメージへと連れ戻され、イメージとしてのイメージを認識する。

プラトンはたしかに、当時の絵画の意図が哲学の意図と無関係ではないということに気づいてはいた。だがそれゆえにこそ、彼の論争はさらに執拗なものとなった。じつのところ、イメージとしてのイメージを認識するというのは、洞窟から外に出ようと思う者が踏み出すべき第一歩のことである[*11]。だがプラトンによれば、絵画はこの第一歩より先へとさらに踏み出すことはできない。イメージがイメージとして認識される点において、イメージはイメージの意図を果たす。欺瞞を解くことが絵画の最後の言葉であり、絵画に特有の無言性である（芸術による浄化（カタルシス）が不充分なものであるというプラトンの確信はここに由来する[*12]）。それに対して哲学はこの越えられない境界を越えようとし、見えているものの真の「向かうところ（telos）」をイメージの数々のさらに向こうにおいて示そうとする。それがイデアである。

（プラトンがイデアについて言っていることを、私たちは芸術の完了に関する教説として読むのでなければならない――哲学は最高のムーサの術であるとプラトンが言っているのはそのためである[*13]。フリードリヒ・ニーチェと同じように、プラトンも芸術の思想家である。もしかすると真正な哲学はすべて、芸術の完了――芸術の終わり――の思考であるのかもしれない。）

「イデア（idea）」という単語は、動詞の語根「id」から直接形成されている——のであって、名詞の語根「eid」から形成されているのではない。この単語は、見るという意味を最大限に表現している。[*14] だがイデアは、あらゆるイメージを超えたところにあるまた別のイメージであるのではない。イデアとは言葉を見るということ、それぞれのイメージをイメージとして構成する当のものを見るということである。

それが私たちに見える点において、言葉は沈黙する。ここにおいてついに私たちに言語活動の沈黙が、言語活動の顔が見える。それは事物の顔と一致する。じつのところ、私たちに言語活動が見えるのはただ、私たちが言語活動から暇（いとま）を取る点においてである。

この光景を前にした人間たちは、言葉の顔に堪えられず、自分自身の顔が剥き出しであることに堪え

5　Ruggero Savinio, *L'età dell'oro* (Milano: All'insegna del pesce d'oro [Vanni Scheiwiller], 1981), pp. 31–32, 113, 121.［この本（『黄金時代』）は同名の絵画連作の画集などではなく、絵画制作を背景として同時期に書かれた小説。なお、ポリオラマとはパリのメガネ屋ルメールの発明で、昼から夜へと徐々に変化する風景のイメージを見せる覗きからくり］

*11　以下を参照。プラトン『国家』514a–518b.

*12　浄化（カタルシス）については以下を参照。プラトン『パイドン』67c–69e.

*13　本書「哲学者とムーサ」註*4を参照。

*14　「idea（イデア）」は「eidos（形式）」「eikōn（イメージ）」「eidōlon（幻）」などと同じく「eidō（見る）」と共通の語根から形成されており、もともとは「見えかた」というほどの意味。

られずに恐怖を覚えて後ずさりする。無形の、名のないものが人間たちを恐怖で充たすのではない。言葉が顔面をもって見えるということが人間たちを恐怖で充たすのである。[6]

この光景の途方もない沈黙において、新たな人間の落ち着いた乱痴気騒ぎにおけるように動きを止めた画家と哲学者は、語りあいながら、あなたたちにじっとまなざしを向けている。

もしかすると、美しい顔こそ、本当に沈黙がある唯一の場なのかもしれない。性格は言われていない言葉やかなえられていない意図で顔をしるしづけ、動物の顔面はつねに言葉を発そうとしているように思える。それに対して、人間の美は顔を沈黙へと開く。だが、ここに生起する沈黙は単に言説の宙吊りであるのではない。それは言葉自体の沈黙、言語活動のイデアである。顔の沈黙において人間が本当にわが家にあるのはそのためである。[*15]

「画家ゼウクシスは老女の肖像を自分で描いていて可笑しくなり、笑い死にした(Pictor Zeuxis risui mortuus, dum ridet effuse pictam a se anum)」。[7]

自分の作品を前にして、自分の沈黙を前にして、笑い死にすること。

6　ルッジェーロ・サヴィーニオ『エンペドクレス』、『黄金時代』、『サンタ・ルチーアの夜』。

＊15　この段落は以下にもほぼ同一の形で読める。Giorgio Agamben, "Idea del linguaggio," in *Idea della prosa* (Milano: Feltrinelli, 1985 [Macerata: Quodlibet, 2002]), p. 103.「わが家にある」については本書「イメージの向こうの国」註＊10を参照。

7　セクストゥス・ポンペイウス・フェストゥス『単語の意味』、「Pictor Zeuxis（画家ゼウクシス）」の項。

形象の不可能性と必然性

（二〇一三年）

ローマの国立近代美術館で開かれるルッジェーロ・サヴィーニオ展は、イタリア現代絵画史において画期的なものである。それは回顧的になされる画期ではある。存命中の最高の画家たちのうちにたしかに含まれる一人の巨匠を知る授業となるからである。だが、それだけではない。この展覧会が画期的なのはまた何よりもまず、この授業が現代にとって特別な意味を引き受けるから、同時代性の模範的な証言のようなものとなる特別な意味をもつからである。

この意味を読み解くにあたって最も適切な暗号は、この展覧会の「形象の行程」という題自体である。これは一九九二年に刊行されたこの芸術家の本の題をあらためて用いたものである。サヴィーニオがしばしば引用するハンス・フォン・マレの手紙があるが（この手紙を引用したのはサヴィーニオが最初である）、そこには、イメージは最後になってはじめて「芸術の仕事の最終的な結果」[*1]として生起する、とある。だが、この生起に先行する行程もまたサヴィーニオにとってはこの最後の瞬間と同じく本質的なものだということを忘れてはならない。この生起に先行し、この生起を告知し、たえず遅延させ引き止める、緩慢な、きわめて長い、険しい行程のことである。ここで中心となっている考えは——この註釈は芸術家サヴィーニオ自身によるものである——、「形式にはそれ自体の時間が含まれており、その時間が形式を帯び、それが長い行程の果てに、生きた身体であるかのように形式を生む」[*2]というものである。サヴィーニオはこの行程の場や付帯状況の数々を描写するために隠喩を増殖させる。それはあるときは闇から光への歩みである。つまり、明るさの瞬間にたどりつくために「臓腑と暗闇」を横切る「緩慢な旅」である。またあるときは、形象は古代人の物質を思い起こさせる背景から離脱して出現するべきものとされる。[*3]形象はその背景と葛藤状態にあり、背景のなかへとふたたび落ちていく。「背景上に野営して、混ざりものや純然たる潜在性のなかに囚われずにいられたならば、自らを混乱のなかに引き止めておこうとしていた背景との闘いに勝ったと言える」[*4]。いずれにせよ、本質的なのは——サヴ

*1 Hans von Marées, letter to Konrad Fiedler, December 20, 1875, in *Briefe* (München: Piper, 1987), p. 139. なお、オリジナルでは「見かけ（Erscheinung）」が主語になっている。サヴィーニオによる引用は以下。Ruggero Savinio, "La figura e l'altro," in *Percorsi della figura* (Bergamo: Moretti & Vitali, 2004), p. 116. この引用はこの本全体のエピグラフ（p. 11）にも用いられている。

*2 Savinio, "Percorsi della figura," in *Percorsi della figura*, p. 22.

*3 ここでいう「物質（materia）」は「エイドス（eidos, forma）」に対置される「ヒュレー（hylē）」を指す（「形相」に対する「質料」と訳される慣行のあるもの）。なお、「形象／背景（figura/fondo）」という対照は「図／地」とも訳される。

ィーニオはこのことを倦まず思い起こさせている——形象はただ物質と色彩だけを含んでいるのではなく「自らの出現の時間」をも帯びているということである。

ここで私たちが、この背景とは何なのか、イメージが出現するこの暗がりとは何なのかと問うならば、芸術家サヴィーニオはそれに対してちょうどよい回答を提供してくれる。「形象の、自らが出現する地盤となっている深みからの歩み」を喚起しつつ、彼は「全絵画史は、私の形象の数々がその上でうごめいている当の背景だということになる」[*5]とはっきりと書いている。哲学的テーゼでもあり詩学宣言でもあるこの回答については注意深く思索する必要がある。それは、彼自身によって示唆されているピエール・ボナール、エドヴァルド・ムンク、ギュスターヴ・クールベ、ウィリアム・ターナー、マレ、ロヴィス・コリント——さらには晩年のティツィアーノ・ヴェチェッリオ、ジョヴァンニ・ピザーノ——といった巨匠の名を記録するということではない。ルッジェーロ・サヴィーニオの形象の数々は過去に由来する。それらは、歴史を作りあげているのと同じ物質に浸されている（その歴史とは絵画史や全美術史であり、さらには先史時代から現在に至る人類の歴史・記憶でもある）。ここには、イメージに関するアビ・ヴァールブルクのテーゼとの単なる近縁以上の何かがある。イメージとは人間が自分たちの「情念定型」を伝達しあうために用いる記憶のエングラム・結晶であるとするテーゼのことである。あるいはまたここには、あらゆるイメージはイメージを過去との星座のうちに置く時間的指標を含んでいるとするベンヤミンのテーゼとの単なる近縁以上の何かがある。

ルッジェーロ・サヴィーニオの形象は出現の時間を記録している。というのも形象自体こそ、時間や歴史との絶え間ない葛藤の場だからである。形象は時間や歴史から執拗に自らを解放し、それと同じ執拗さで時間や歴史へとあらためて沈みこんでいく。イメージは必然的にこの葛藤の痕跡を帯びている。それどころか、イメージは葛藤から脱するにあたって「永遠に形象を損なわれる」[*6]。「形象を損なわれた形象」という逆説、自らの出現においてまるでそれ自体の色彩や物質によって侵蝕され翳られ抹消されているようなイメージという逆説、これがサヴィーニオのイマゴの最終的な暗号である。具象以上であるとともに具象以下であるこの絵画はたしかに、あらゆる偉大な芸術と同じように時間を超える。だが、それはただ時間を横切ることによってのみ、この険しい、熱を帯びた、断続的な旅の傷や滓を露呈させることによってのみ可能である（傲慢にも垂直に刺し傷を付けられた驚くべき連作『旅中のヘルダーリン』のことを考えてみればよい）。

時間と形象のあいだ、イメージと歴史のあいだのこの本質的関係の理解は、さらにいっそう緊急になされなければならない。サヴィーニオは時間の現前を創造プロセスにおいて定義づけようとして、「現実の、物理的な」ものである「実行の時間」を、「現前に達する道程の途中であるイメージの時間」[*7]から区別している。互いに異質なこの二つの時間性のあいだの分離と交差が、現在と過去に分割された絵画の場、実行という現実の時間と形象の歴史的・イメージ的時間に分割された絵画の場を定義づける。

---

*4　Savinio, "Immagine e figura," in Francesco Donfrancesco, ed., *Un remoto presente* (Bergamo: Moretti & Vitali, 2002), p. 90.

*5　不詳。

*6　Savinio, "La figura e l'altro," p. 116 ; Savinio, "Immagine e figura," p. 90.

*7　不詳だが、類似の表現が以下に見られる。Savinio, "Figura mobile," *De pictura*, no. 1 (online journal, March 2013), p. 93.

図 15　ルッジェーロ・サヴィーニオ『ムーサ』(1984 年)［口絵］

画布の上でこの二つの時間が最高の緊張のうちに一致すること（たとえば一九八四年の震える『ムーサ』におけるように）は、見まがうべくもない衝撃力をサヴィーニオの絵に刻印する。その衝撃力は観者を打たずにはいない（この衝撃力、かくも容赦なく衰微しているピエロ・グッチョーネの画布の震えと対称的な位置にあるものである）。サヴィーニオは回帰的なしかたで『黄金時代』という題を用いているが、私たちはそこからその衝撃力を引き取って、この名を、汲み尽くされない一時的な留にある形象においてこの二つの時間性が一致する当の瞬間に与えようと思う。この形象を芸術家サヴィーニオは「二つの盲目性のあいだの瞬き」に譬えている。「一方は暗い、原初的な盲目性であり、他方は光の過剰によってあらゆる形式を呑みこんだ盲目性である」[*8]。それは、自らをけっして見ることのないイメージと歴史の盲目性と、ただぴくぴく震えてものを見る芸術家の手の盲目性である。

私たちは最初に、サヴィーニオの授業が今日私たちにとってもつ特別な意味について触れておいた。現代芸術は、マルセル・デュシャンが美学と美術館という空間をラディカルに撤回して芸術家たちを美術史との決定的対決へと誘(いざな)ったほとんど文献学的とも言える身振りから生まれている。時間と形象のあいだ、イメージと歴史のあいだの内奥の激論と極端に至るまで渡りあうことで、サヴィーニオは現代芸術がつねにはぐらかしてきた問題に立ち向かった。その問題とは、現代における形象の不可能性と必然性に関する問題である。慎ましくも地底的にして厳しくも天上的なこの画家は、それゆえに同時代人のなかでも最も同時代的な者となった。

＊8　Savinio, "Immagine e figura," p. 90. 原文では「暗い、原初的な盲目性（cecità oscura e primordiale）」ではなく「原初的な、盲目性の暗さ（cieca oscurità primordiale）」とあるが、交叉対句となりわかりにくいのでアガンベンによる修正を採用しておく。

顔面の天使

ジャンニ・デッシの絵画のために（一九八四年）

一九四五年の冬、ナグ・ハマディ（上エジプト地方）の近くで、砂に埋まった素焼きの壺のなかから農民（ファッラー）たちが十三冊のパピルス写本を偶然に見つけた。それは紀元後四世紀なかごろにコプト語で書き写されたグノーシス文書群の一部をなすものだった。夜のことで、疲れていた農民たちは休息しようと腰を下ろした。そのとき、その地方ではときどきあることだが、急に気温が下がった。そこで彼らは、理解できない文字で覆われたそれらの写本のうち三つからページを引きちぎり、燃やして茶を沸かした。村に戻ると、彼らはそれらの写本を商人に売った。残った十冊の写本と三冊の写本のうちのいくつかの断片はこのようにして手から手へと渡り、最後はカイロのコプト博物館館長トーゴー・ミナの机にたどりついた。それは今もこの博物館にある。

その第三写本の第二ページ、第一〇―一四行に、筆生の手はイエスの言葉を筆写しているが、それは翻訳すれば次のようになる。


イエスは言った。おまえの顔面の前にあるものを認識せよ。

そうすればおまえに隠されているものはおまえに対して明らかにされるだろう。

というのも、隠されているもので明らかにされずにいるものは何もないからである。[*1]

ここで、「おまえの顔面の前にあるもの」というのはどのように了解すべきだろうか？　これは単に、目の前にあるものというまったく自明のことを指しているのか？　そのばあい、このイエスの言葉は次のような意味になる。目の前にあるものにまなざしを向けよ、目に見える世界を認識せよ、そうすればその認識は、隠されている神秘の数々をおまえに明らかにするだろう。だが、目の前にあるものはつねにすでに認識されたものである。だとすれば、何がそれを隠しているというのか？　明らかにされる神秘の数々とはどのような神秘だというのか？

＊1　「トマスによる福音書」log. 5. アガンベンは本文中で「第三写本の第二ページ、第一〇―一四行」と記しているが（つまり『ナグ・ハマディ文書』3, 2, 10–14）、正しくは 2, 33, 12–14. なお、本文中でイエスの「言葉」と訳したのはいずれも「logion」（「logos」の小さいもの）。「トマスによる福音書」に伝えられている、イエスの断片的な言葉の一つずつを指す。

これとは別の解釈では、「おまえの顔面の前にあるもの」というのは復活しておまえに話しているキリスト自身のことであるとされる。（コプト語のテクストは両義的である。冠詞「p」は男性形を意味することもあるし中性形を意味することもある。[*2]）だとすると、イエスの言葉は次のような意味になる。「おまえの前にいる私イエスを認識せよ。私の位格においてすべてが完了し明らかにされる。隠されているものはすべて今明らかにされているし、これから明らかにされる」。だが、このばあいも逆説は逆説のままである。つまり、私たちの顔面の前には一つの現前があるが、にもかかわらず私たちにはその現前が見えておらず、私たちにはその現前が認識できないということになる。その現前とはキリスト、つまり言葉自体にして啓示のことである。

しかしながら、このテクストはこれらとは別の解釈も可能にしてくれる。これら二つの解釈を排除せずに統合する解釈である。旧約聖書では、神の顔面の前には一人の天使がおり、その天使は人間が生きながらにしては見ることのできない神の顔を明らかにするものとされている。[1]それはイザヤの語っている「彼の顔面の前にいる」[2]天使であって、その天使においてヤーウェは、燃える柴のなかに明らかにされる。[3]

ここでは、古い天使論のテーマに従っているイエスの言葉によれば、神だけでなくあらゆる被造物が顔面の天使を一人もっており、その天使は当の被造物の真のイメージとその啓示とを含むとされる。この天使こそ、隠されているものが明らかにされるために人間が認識しなければならない当のものである。

顔面の天使とは何か？　それはもしかすると、神の顔面を包み隠す覆いや幕のことなのだろうか？　もしそうだとするならば、天使は神が顔を隠す仮面でしかないということになり、天使を認識するとはその仮面に手をかけること、その目隠しを取り去ることをしか意味しえないことになる。だとすると、天使を認識することによって明らかにされる神秘とは、あらゆる幕の向こう側についに観想される神の真の顔という神秘だということになる。

それはむしろ、形象のないものが顔やイメージを見いだし、それによってはじめて見かけへと到達するという、顕現のことなのだろうか？　そうだとするならば、天使は一つの形式だということになり、天使を認識するとは、形象も名もないものの茫漠とした海に現れ出る美しい見かけを美的に享受するということを意味することになる。そして、その形式を取り去ることによって現れる神秘とは、神の形なき深淵の神秘、まなざしを向けることもできないぞっとするような神秘だということになる。

同じ写本の数ページ先に、筆生の手はイエスのまた別の言葉を二つ筆写している。

イエスは言った。イメージは人間にとって明らかである

＊2　中性形なら「……もの」を指し、男性形なら「……者」を指すという意味。
1　以下を参照。「出エジプト記」33:20.
2　「イザヤ書」63:9.
3　以下を参照。「出エジプト記」3:2.

そしてイメージのなかの光は
父の光のイメージのなかに隠されている。
父は明らかにされることになり、彼のイメージは
彼の光によって隠されている。
イエスは言った。おまえたちはおまえたちに似たものを見ると喜ぶ。
だが、死ぬこともなく明らかにされることもないイメージ
おまえたち以前に存在していたおまえたちのイメージを見るとき、
おまえたちが堪えなければならないことはどれほどの大きさであろうか！[*3]

この二つのイエスの言葉のうち第二のほうについて、アンリ＝シャルル・ピュエックは模範的な読解を与えている。[*4]すなわち、第一章句で問題になっている似たものというのは、私たちに似てはいるが私たちのものであると本当に言うことはけっしてできない面影のことである。たとえば鏡のなかの自分にまなざしを向けるとき、私たちはそのイメージが自分であると認めはするが、それに完全に同一化することはできない――言い換えればこれはナルキッソスが手をかけようとして果たさない当のイメージと同じものである。

それに対して、第二章句のイメージのほうは原初的形式、つまり天国に存在していた天界の分身、人間がみなそれに似せて創造されている当の分身のことである。イランの天使論によれば、このイメージ

とは天使ダエーナーである。この天使は私たちの死後、非常に美しい少女の姿をして私たちに会いにやって来るとされる。このイメージとしての天使について、マンダ教のあるテクストは次のように言っている。

私は私のイメージに会いに行く
そして私のイメージは私に会いに来る。
私が囚われの身から戻ってくると
私のイメージは私に愛をこめて話しかけ、私を抱きしめる。[*5]

このイメージとの出会いは自分自身との出会い、最高の同一化である。
神話が二つの互いに分離された形象として提示しているものはじつはただ一つのイメージであって、そのただ一つの見かけが、曇らされると覆い隠され、覆いを外されると光り輝く。このイエスの言葉はイメージをイメージに対置しているのであって、ものに対置しているのではない――これがイエスの言葉の教えである。

＊3　「トマスによる福音書」log. 83–84.
＊4　以下を参照。Henri-Charles Puech, *En quête de la gnose*, 2 (Paris: Gallimard, 1978), pp. 111–115.
＊5　以下を参照。Puech, *En quête de la gnose*, 2, pp. 120, 123.

というわけで、「トマス行伝」中の「真珠の歌」において、王の息子が亡命先の国で着ていた「汚らしい衣服」を脱ぎ捨てて故郷に戻るとき、やって来るように見えるのはやはり一着の衣服だが、今度の衣服は光と宝石で光り輝いている。

衣服が突然私には
私自身の鏡像のように見えた。
私はそれをまるごと私において見て
私はまるごとそれのなかにあった。
というのも、私たちは互いに分離された二つのものだったが
ただ一つのもの、唯一の形式のものだったからである。[*6]

イメージは何によって曇らされているのか？　自分の顔面の前にいる天使が私たちに見えないのはなぜなのか？　あらゆるイメージは人間に対してすでに明らかにされているが、それはイメージ自体の光によって隠されている――第一の言葉にはそのように書かれている。イメージに覆いをかけるのは見かけの光輝自体である。したがって、ここで問題になっている啓示は光輝自体の啓示、見かけ自体の啓示でなければばならない。天使とは顔面の光輝に他ならず、そこにおいて顔面は、現れるまさにその点においてそのつど底知れぬ深淵に隠されてしまうように見える。だが今、天使自身、光輝自体を現れさせるとするならば――私たちには何が見えるだろうか？　見えるのは一つの顔だけ、一つの見かけだけである。

もはや何の見かけでもなく、絶対的に現れる見かけである。

天使の覆いを取り去るということは隠されているものの見かけのことではなく、その見かけ自体の現れのことである。それはつまり時間のことである。顔面の天使はシャルトル大聖堂で日時計を両手で支えている天使と同じ天使である。このイメージは人がもはや想像することのできないイメージ、覆いを取り去ることのできない見かけであって、そこにおいてこそすべてが現れる――そのイメージは時間のイメージである。

動物たちにはものが見えてはいる。ものが現れるのは人間に対してだけである。動物たちは、イメージに欺されてはじめて、イメージをものと混同してはじめてイメージに関心をもつ。というわけで、雌の形をしたものを発情期に見せられた魚はやはり精子を放出する。鏡の前に置かれたサルは、それがイメージでしかないということを理解するやいなや鏡に対する関心を失う。イメージとしてのイメージに関心をもつのは人間だけであり、見かけとしての見かけを認識するのは人間だけである。つまり、愛し、絵を描くのは人間だけである。[*7]

ある古い人物伝の伝えるところによると、プロティノスの最も忠実な弟子であったアメリオスがある

＊6　「トマス行伝」112:76–78.
＊7　本書「ギー・ドゥボールの映画」も参照。

とき師に、肖像画を作らせることに同意していただけないかと訊ねた。プロティノスは次のように応えた。「自然が私たちに着させたこのイメージを着こんでいるというだけですでに充分ではないのか？　まるでそれが眺めるに値するというかのように、このイメージをもとにして、より長もちするイメージが残るということを認めなければならないのか？[*8]」物語はここから複雑になる。じつのところ、アメリオスは師の意志に背いてプロティノスの講義に画家カルテリオスをこっそり導き入れ、師の顔つきを注意深く観察させた。このようにしてカルテリオスは記憶に残ったイメージをもとにデッサンを描くことができ、アメリオスがそれに手を入れた結果は、並外れた類似をもつ肖像画となった。プロティノスを崇敬し、彼に几帳面に従っていたアメリオスがこのときかくもこっそりと師を欺したのはなぜか？　伝記作者は何も言っていない。しかしながら私たちは、アメリオスはじつは師の意図を正確に解釈したのではないかと想定することができる。絵画は写しの写しではなく、イメージを通じてイデアへと向きなおるものではない――これがプロティノスの教訓なのである。絵画は絶対的な見かけとして――イデアとして――イメージを露出させる。

「［……］自らが生まれるもととなった当のものさえ属していないイメージ、何か他の幻影としてつねに動いているもの［……］[4]」。プラトンはこのようにイメージを定義している。だが、イデアは「それ自体がそれ自体に重ねて[5]」置かれたイメージに他ならない。それはつまり、救済された見かけである。[*9]

下にあるもののイメージは上にあるものである

というのも、すべてのものは上にあるからである。下には何もないが、認識のない者たちには下に何かがあるように見える。[6]

---

*8　以下を参照。ポルピュリオス『プロティノス伝』1.

4　プラトン『ティマイオス』52 c.

5　プラトン『ティマイオス』51 c.

*9　プラトンの教説を反映すると言われる表現「現象を救済すること（ta phainomena sōzein）」が念頭にある。ただし、正確に対応する文言はプラトンには見あたらず、直接的には以下に由来する。キリキアのシンプリキウス『アリストテレス『天体論』註解』2, 12–13; 3, 1; 3, 7. この文言——および、保存という意味をあわせもつ「救済（sōtēria）」一般——については以下も参照。Walter Benjamin, “Erkenntniskritische Vorrede,” in *Gesammelte Schriften*, 1-1, ed. Rolf Tiedemann（Frankfurt am Main: Suhrkamp, 1974）, p. 214.〔「認識批判的序章」、『ドイツ悲劇の根源』上巻、浅井健二郎訳（筑摩書房、一九九九年）三一頁〕Giorgio Agamben, “Idea dell’apparenza,” in *Idea della prosa*（Milano: Feltrinelli, 1985［Macerata: Quodlibet, 2002］）, pp. 111–112; Agamben, “Potenza e diritto,” in *Homo sacer*, 1（*Il potere sovrano e la nuda vita*）（Torino: Einaudi, 1995）, pp. 53–55.〔「主権の論理」、『ホモ・サケル』高桑和巳訳（以文社、二〇〇三年）七〇―七二頁〕Agamben, “[no title],” *Le monde*, no. 15768（Paris: Le monde, October 6, 1995）, extra（*Le monde des livres*）, p. xi; Agamben, “*Se: L’assoluto e l’“Ereignis’,” in *La potenza del pensiero*（Vicenza: Neri Pozza, 2005）, p. 178.〔「*se　絶対者と生起」、『思考の潜勢力』高桑和巳訳（月曜社、二〇〇九年）二二一頁〕Agamben, “Walter Benjamin e il demonico,” in *La potenza del pensiero*, p. 231.〔「ヴァルター・ベンヤミンと魔的なもの」、『思考の潜勢力』二八七頁〕Agamben, “La potenza del pensiero,” in *La potenza del pensiero*, pp. 285–287.〔「思考の潜勢力」、『思考の潜勢力』三四九―三五一頁〕Agamben, “L’immagine immemoriale,” in *La potenza del pensiero*, p. 336.〔「記憶の及ばない像」、『思考の潜勢力』四一〇頁〕

6　「ソロモンの頌歌」34, 4–5.

図16　ジャンニ・デッシ『天使』(1983年)
［口絵］

場所はローマ。現代だが、何年かははっきりしない[*10]。ヴェラーノ墓地にほど近いアトリエで一人の画家が仕事に取りかかる。画布に、木炭の速い動きが一つの形象を描き出す。それは、翼を拡げて動かずにいる天使である。しかしすぐに、そこに明灰色の絵の具がまた別の形象をスケッチする。それはまた別の新たな天使、やはり翼を拡げている天使である。二つのイメージは互いに重なりあい、打ち消しあい、混ざりあう。だが天使たちは、その場を去るように見えるまさにその点において、互いに互いを見かけへと運び、一つになり、救済をおこなう。一枚の紙に画家はせかせかとメモを書き留める。「絵画の平面、生起の場、理想的な破断……。上部、中、下部にあるもの。中心と側面、上方の形象と下方の形象……。しかじかの必然性を明らかにすること、これが、なすべく私たちにもたらされている当のものである」。

思考の努めは言語活動を露呈させること、つまり言語活動のイデアである。
絵画の努めは見かけを出現させること、つまり見かけのイデアである。

*10　この段落のみ、原文ではすべてイタリックになっているが反映させていない。

イメージの受苦

ジュゼッペ・ガッロの絵画のために（一九八六年）

教父たちによって執拗に攻撃された、仮現派という名で知られる古代の異端がある。その教えによると、救い主自身は死と磔刑を被らなかったとされる（生であるあの彼が[*1]、どのようにすれば死ぬことができたというのか?）。彼が死んだのはただ見かけのうえでのこと、見かけの身体、イメージを通じてのことにすぎないとされる。というわけで、ゴルゴタのドラマは幻影劇、見かけのうえでの死にすぎず、そこで体刑を被り、釘を打たれ、兵士の槍で刺されたのは外観だとされる。受苦はイメージの受苦にすぎなかった。

（「見かけ（apparenza）」という用語には取り除きがたい両義性が含まれている。それは「見せかけ、人を欺く外観」という意味にもなるし、「表明、可視性」という意味にもなる。[*2] それと同じように、ドイツ語の動詞「schein」は、人を欺く出現という意味で「現れる」という意味にもなるし、「輝く」という意味にもなる。ギリシア語「doxa」は偽の見かけを指し示すものだが、神学者たちはこの同じ単語を神の栄光、神の十全な表明を表現するために用いている。この栄光は十字架において頂点に達する。見かけと関係をもつ画家のような者であれば、この両方の意味を認識している。）

たしかに、この受苦の欺きがもつ意味はこの異端の人々自身によっても根底までは了解されていなかったし、ましてや彼らの敵である正統派の人々によってはなおのこと了解されていなかった。じつのところ、ここで問題になっているイメージの受苦というものを私たちはどのように了解しなければならないのか？　イメージにとって、しかじかを被るとは何を意味しうるのか？　キリスト自身、何よりもまず父のイメージにして形象ではなかったか？[*3]　それに、救済はイメージを通じて、イメージのために完了されるのではないのか？[*4]　現象は、イメージの「オイコノミア」はつねに、救済するということ——ないしは破壊するということ——ではないのか？

＊1　以下を参照。「ヨハネによる福音書」11:25 ; 14:6.
＊2　「apparenza（見かけ）」は動詞「apparire（現れる）」から作られている（英語の「appearance/appear」と同じ）。
＊3　以下を参照「コリント人への第二の手紙」4:4.「コロサイ人への手紙」1:15.
＊4　以下を参照。「ローマ人への手紙」6:5 ; 8:29.「コリント人への第一の手紙」15:49.「ピリピ人への手紙」3:21. 本書「顔面の天使」註＊9も参照。

（中世の神学者たちのあいだで、復活に関して最も議論された問いの一つは、復活した身体の物質に関する問いだった。身体は死の瞬間の姿で復活するのか、それとも若いころの姿で復活するのか？　五年前に腕を一本失っていたならば、腕のない状態で復活するのか、それとも腕のある状態で復活するのか？　髪がなくなっていたならば、禿で復活するのか？　要するに、復活した身体には生きている身体の物質すべてが含まれるのか、それともただその一部だけが含まれるのか？　オリゲネスは、復活するのは身体の物質ではなく身体の形式、身体のイマゴであると断言してこの問題を解決していた。[*5]　つまり、復活もまた見かけに関する問い、画家にとっての問題なのである。）

教父テオドトスは、キリストの受苦とその脇腹から出た液体に関して奇妙な表現をしている。彼の書いているところでは、「受苦の主から受苦が流れ出ることで、受苦不可能となっていた実体自体が救済される[*6]」。つまり、イメージとはそれ自体何らかのしかたで、受苦不可能なものを共苦するということである。それはイメージのなさの自己救済である。

（だとすると私たちは、美学や図像学の伝統を超えたその向こうで、イメージや見かけにまなざしを向ける新たなやりかたを探し求めなければならない。イメージがしかじかを被ることができるのであれば、見かけが傷や受苦を被ることができるのであれば、私たちの目の前にあるものは依然としてまなざしを向けることを学ばなければならない何かであるということになる。これが絵画の教訓であり、これが絵画の傷である。）

イメージをそれと認めるということはつねに受苦である。視覚の主体——まなざしを向ける者——はただ鏡のなかでのみ、イメージにおける自らの受苦を通じてのみ自らを構成する。じつのところイメージにおいては、視覚の主体は死者として含みこまれている。（これがナルキッソスの顛末の意味である。）動物は自分の鏡像を気にすることはなく、自分の鏡像を自分とは認めない——自分の鏡像を、死者となっている自分であるとは見ない。人間だけがイメージとしてのイメージに関心をもち、イメージに対する情念をもつのはそのためである。[*7]

（イメージはつねに死に結びついている。「イマゴ（imago）」とは先祖のデス・マスクであり、ローマの貴族はそれを自宅のアトリウムに保管していた。冥府では死者の「イメージ（eidōlon）」は永遠に生き延びる。[*8] イメージの受苦——絵画——はまさしく、この地獄での生き延びを消滅させるものである。

---

*5　以下を参照。オリゲネス『諸原理について』2, 10.「形式（eidos）」は「見た目」とも解することができる。以下も参照。Agamben, "L'immagine immemoriale," in *La potenza del pensiero* (Vicenza: Neri Pozza, 2005), pp. 335–336.〔「記憶の及ばない像」、『思考の潜勢力』高桑和巳訳（月曜社、二〇〇九年）四〇八—四〇九頁〕

*6　Agamben, "Il corpo glorioso," in *Nudità* (Roma: Nottetempo, 2009), p. 132.〔「天の栄光に浴した身体」、『裸性』岡田温司ほか訳（平凡社、二〇一二年）一四八—一四九頁〕

*7　アレクサンドレイアのクレメンス『テオドトス抄』45, 2. アガンベンは比較的自由に引用している。「イメージに対する情念（la passione delle immagini）」は「イメージの受苦」とも解することができる。なお、本書「ギー・ドゥボールの映画」、「顔面の天使」も参照。

図 17　ジュゼッペ・ガッロ、無題（1986 年）［口絵］

地獄と天国は今日もなお画家たちの題材である。）

というわけで、コレーの受苦と略奪は視覚の寓意である。コレー、すなわち「言いえない娘」とは瞳のことである。それは、目にまなざしを向けると目のなかに姿を現すのが見える少女である。[*9] それがギリシア語「korē」の意味である。コレーが冥府へと略奪されるというのは、目に見えないものにおいてイメージが受苦するということである。

（ポルノ写真において、写っている者たちがレンズのほうにまなざしを向け、自分がまなざしへと露出されているのを意識しているということを露呈させることがあるが、これは計算された戦略素である。そのようなイメージの消費には、当のイメージにまなざしを向けている者が自分は見られることなく俳優たちを見ているという虚構が暗黙のうちに含まれているが、この予期せぬ状況はその虚構を暴力的にくつがえす。俳優たちはそのまなざしに意識的に挑みかかり、自分の目をじっと見つめるように覗き屋に強いる。[*10]

この驚きが持続する短い瞬間に、その哀れなイメージとそれにまなざしを向けている者のあいだに、何か正真正銘の愛の問い訊ねのようなものが走り抜ける。厚かましさが透明さと境を接し、彼らの現れが一瞬のあいだ、ただ輝きとなる。したがって、イメージもまた私たちにまなざしを向けている。イメージの夢は盲目であり、水平である。）

ミケランジェロ・ブオナッローティは次のように書いている。

＊8 以下を参照。Agamben, "Corpo sovrano e corpo sacro," in *Homo sacer* (Torino: Einaudi, 1995), p. 109.〔「主権的身体と聖なる身体」、『ホモ・サケル』高桑和巳訳（以文社、二〇〇三年）一四〇頁〕Agamben, "Note sul gesto," in *Mezzi senza fine* (Torino: Bollati Boringhieri, 1996), pp. 49–50.〔「身振りについての覚え書き」、『人権の彼方に』高桑和巳訳（以文社、二〇〇〇年）六〇頁〕Agamben, "L'immagine immemoriale," pp. 334–335.〔「記憶の及ばない像」四〇七—四〇八頁〕

＊9 イタリア語（およびラテン語）で「pupilla」の原義は「女の子」（「pupa（娘）」＋縮小辞「-illa」）だが、目のなかを覗きこむと瞳に自分の小さいイメージが映ることから、転じて「瞳」を指す（なお、大和言葉の「ひとみ」も「人が（映って）見える」ことに由来するという説がある）。ギリシア語の「korē」もこれに正確に対応している。たとえば以下を参照。プラトン『アルキビアデス』133 a. なお、神としての「コレー（Korē）」は娘神（大地母神デーメーテールの娘と言われる）。後に冥府へと略奪され、ペルセポネーと呼ばれる。コレーが「言いえない娘」であることについてはたとえば以下を参照。エウリピデス『ヘレネー』1308. エウリピデス断片（Nauck 63）。シケリアのディオドロス『歴史叢書』5, 5, 1. 以下も参照。Agamben, "La ragazza indicibile," in Agamben & Monica Ferrando, *La ragazza indicibile* (Roma: Mondadori Electa, 2010), p. 7.

＊10 本書「ギー・ドゥボールの映画」註＊19を参照。

あなたの名において私はイメージを生み出したが
いつも死を思わずにはいられなかった
それによって芸術も才能も消え去ってしまうと
(S'a tuo nome ho concecto alcuno inmago
non è senza del par seco la morte
onde l'arte e l'ingegnio si dilegua)[*11]

(絵画の努めはイメージの受苦である。絵画はイメージをそのゴルゴタへ、その受苦へと導き、ただそのようにしてのみイメージをその完了へと導く。あらゆる絵画がつねに、偶像崇拝と聖像破壊が相討ちで死ぬまで戦う戦場であるのはそのためである。この点において、目はまなざしを置き去りにする。目はもはや、風景のなかの茶色い、あるいは碧い染みでしかない。自らに暇を出すイメージはもはや何のイメージでもない。それは純粋な顔、純粋な栄光である。)

＊11　ミケランジェロ・ブオナッローティ『韻文集』284.

童話と形象

ジョゼッタ・フィオローニの魔法童話のために（一九七九年）

1

古代の証言によると、「言いえないもの（arrēton）」は秘儀参入において入会者が経験するものだった。初期キリスト教のとある作者は、エレウシスでは神官が新入者に小麦の穂を見せて「降れ、実れ！（hye, kye!）」という単純な定型表現を口にしていた、ということを知って「これがエレウシスの大いなる、言いえない神秘だ！」[*1]と嘲笑っている。この作者はこのようにして、異教の言いえないものがそのときにはすでにその真の意味を失っていたということを論証していることになる、とカール・ケレーニ

図18　ジョゼッタ・フィオローニ『眠れる森の美女』(1969年)［口絵］

イは指摘している。[*2] 古代人は秘儀において何かを教わり、次いでそれについて黙っていなければならない、というのではない。古代人はむしろ、黙るということ自体を経験していた。それは、人間に開かれている、言いえないものの可能性の経験である。じつのところ神秘とは、「口にされることによって存在しなくなるのであってみれば、それは口にされると陳腐なものになってしまうこともありえた」といった言葉で啓示されうるような何かではなかった。秘儀の経験の中心とは「言いえないもの（arrēton）」と言葉のあいだ、非言語的なものと言語活動のあいだ、人間が語らない者であるということと語る者であるということのあいだの幸福な、絶対的な分離である。[*3] この分離において古代は、言語活動の外に人間のインファンティアが出現するということを救済的な出来事として経験していた。[*4]

2

悲劇においても古代人は言いえないものと対決していた。だが、秘儀においては新入者が言語活動から解かれて非言語的なものに到達する可能性を経験していたのに対して、悲劇の主人公が経験するのは単に、そして何よりもまず、言うことの不可能性である。主人公は、自分は無罪だと言おうと欲し、言おうと試みるが、言うことに成功しない。そこで彼は言語活動に絶望し、この絶望が彼を言いえないものの深みへと突き落とす。[*5] 人間が語らない者であるということと語る者であるということがまだ解きが

---

*1　ローマのヒッポリュトス『異端反駁』5, 8, 42. 以下も参照。アレクサンドレイアのクレメンス『ギリシア人への勧告』2, 17 ; Giorgio Agamben, "La ragazza indicibile," in Agamben & Monica Ferrando, *La ragazza indicibile* (Roma: Mondadori Electa, 2010), p. 12.

*2　以下を参照。Karl Kerényi, "Nachwort: Über das Wunder von Eleusis," in Carl Gustav Jung & Kerényi, *Das göttliche Kind* (Düsseldorf: Patmos, 2006), p. 185.〔「結び　エレウシースの奇蹟について」、『神話学入門』杉浦忠夫訳（晶文社、一九七五年）二三四頁〕

*3　「語らない者（in-fante）」は、ハイフンを入れずに「infante」と綴れば「幼児」を指すが、ここでは「語らない者」という原義が強調されている。後出の「インファンティア（infanzia）」も通常は「幼年期」という意味だが、ここでは、言語活動をもつ存在が語らずにいる潜勢力を指している。以下を参照。Agamben, "Infanzia e storia," in *Infanzia e storia* (Torino: Einaudi, 1979 [2001]), pp. 54–55.〔「インファンティアと歴史」、『幼児期と歴史』上村忠男訳（岩波書店、二〇〇七年）九八頁〕

*4　以下を参照。Agamben, "Seconda giornata," in *Il linguaggio e la morte* (Torino: Einaudi, 1982 [2008]), pp. 13–23.〔「第二日目」、『言葉と死』上村忠男訳（筑摩書房、二〇〇九年）二七―四七頁〕Agamben, "La ragazza indicibile," p. 13.

*5　本書「イメージの向こうの国」註＊1を参照。

たく絡みあってはいない世界の秘儀的で静穏な沈黙が、悲劇においては、言語活動から解かれることも語ることもできない主人公の緘黙へと場を譲る。しかしながら、この癒しがたい葛藤の経験において、ギリシア人はそれと知ることのないままにはじめて倫理的次元に直面する。

3

童話は歴史的に言って秘儀参入にその根をもつ。それは、言いえないものの新たな形象を表明するものである。人間と言いえないものとのこの新たな関係の暗号にあたるのが魔法である。じつのところ童話は、参入儀式の中心をなしていた秘儀の経験を廃することによってのみ、それを呪い（まじない）へと変容させることによってのみ、参入儀式から身を解き放つことができる。童話に登場する被造物は参入の試練と秘儀の沈黙を甘受してはいるが、それらを自ら経験するわけではない。つまり、それらを魔法として被るのである。その被造物から言葉を奪うのは妖術であって、これこれの秘密や告白できないしかじかの罪への参与が言葉を奪うわけではない。だがこの妖術は同時に、神秘の魔法を解かれることでもあり、そのようなものである以上は破砕され乗り越えられるのでなければならない。だから童話においては、人間が魔法によって緘黙するように思われる一方で、動物たちは自然の黙した言語を脱して韻を踏んで話す[*6]。というわけで、グリム兄弟の集めた『子どもたちと家庭の童話』では、継母に殺された少女は韻を踏んで話すアヒルになって戻って来る。

王様、今は何してるの？
寝てるの、それとも起きてるの？[*7]

頭を切り落とされた子どもは鳥になって姿を現し、次のように歌う。

母さん、ぼくの首を斬り
父さん、ぼくの味を知り
ぼくの妹マルレーネ
骨を拾って集めてね［……］[*8]

魔法にかかった人間が韻を踏み、言葉で魔法を解かれることを告知するのと同じように、秘儀の世界の言いえない被造物たち（小人（ノーム）や妖精やオークや小悪魔として童話のなかに生き延びている者たち）は韻を踏むことによって現実に別れを告げる。小人（ノーム）たちが靴屋の家から姿を消すのも韻を踏みながらである。

＊6　以下を参照。Agamben, "Infanzia e storia," p. 65.〔「インファンティアと歴史」、一一五―一一六頁〕
＊7　グリム兄弟『子どもたちと家庭の童話』KHM 13. 以下、原典では（イタリア語訳でも）すべて脚韻が踏まれている。
＊8　グリム兄弟『子どもたちと家庭の童話』KHM 47.

おれたち、お洒落なんじゃない？
靴屋やめてもいいじゃない？[*9]

軽薄な小悪魔ルンペルシュティルツヒェンが負けることになったのも韻を踏んだためである。

誰も名前を知りはせん
おれはルンペルシュティルツヒェン[*10]

ある童話は、バウボー（エレウシスの物語で、悲しみにくれるデーメーテールに性器を見せて笑わせる怪物的な被造物）の秘儀的挿話を転倒させつつ反復しているように思われる。その童話では、小人（ノーム）たちが揺りかごにいたある女性の赤んぼうと取り替えた「頑固な目をした大頭の」小さな怪物は、言語活動のゆえに自分が消え去ってしまうことよりも、笑って定型表現を口にして韻を踏むほうがいいと思う。

ヴェスタヴァルトの森ほどに
わしは年寄り　じつは鬼
そんなわしでも卵の殻で湯沸かしするのは知らぬのに[*11]

童話の被造物が韻を踏んで語ることにおいて、言いえないもの――秘儀においては言語活動と関係をもたず、悲劇においては単に人間を緘黙させていたもの――は今や、言語活動の圏域に自分が属しているということを断言する。言いえないものは、表現をもたないもののように、言語活動のなかにその住まいをもっている。[*12] これが童話の教訓である。このようにして童話は悲劇の主人公を沈黙から解き放ち、それ自体の次元を倫理的問題へと開く。

＊9 グリム兄弟『子どもたちと家庭の童話』KHM 39.
＊10 グリム兄弟『子どもたちと家庭の童話』KHM 55.
＊11 グリム兄弟『子どもたちと家庭の童話』KHM 39.
＊12 以下を参照。Walter Benjamin, "Goethes Wahlverwandtschaften," in *Gesammelte Schriften*, 1-1, ed. Rolf Tiedemann *et al.* (Frankfurt am Main: Suhrkamp, 1974), pp. 180–182.〔「ゲーテの『親和力』」浅井健二郎訳、『ベンヤミン・コレクション』第一巻（筑摩書房、一九九五年）一四五―一四九頁〕以下も参照。Benjamin, "Die Aufgabe des Übersetzers," in *Gesammelte Schriften*, 4-1 (Frankfurt am Main: Suhrkamp, 1972), p. 19.〔「翻訳者の使命」内村博信訳、『ベンヤミン・コレクション』第二巻（筑摩書房、一九九六年）四〇七頁〕Agamben, "Lingua e storia," in *La potenza del pensiero* (Vicenza: Neri Pozza, 2005), pp. 43–44.〔「言語と歴史」、『思考の潜勢力』高桑和巳訳（月曜社、二〇〇九年）五〇―五一頁〕本書「身振りと舞踊」も参照。

4

この倫理的要素は、童話の世界に固有の形象的性格である。[*13] エーリヒ・アウアーバハはある模範的な研究において、「figura（形象）」という単語がキリスト教時代から中世にかけて、どのようにして元々の意味を無理なく展開しながら、あるものを指し示しはじめるかを示した。[*14] この単語は、出来事やテクストがまた別の出来事や未来のテクストを告知・表象するということを指し示しはじめる。というわけで、旧約聖書に登場する人物や事実については「キリストの形象を帯びている（gerunt figuram Christi）」[*15]と言われ、ヘブライ人に起こった出来事については、それが単純に起こったというのではなく「形象において（in figura）」[*16] 起こったと言われる。つまり、告知された出来事は存在しないかぎりにおいて、言われていないかぎりにおいてテクストないし出来事において現前している何かである。これは文字どおりの意味ないし歴史的な意味のなかに含まれている、「形象となった」[*17] 意味である。「形象的」関係というのは二つの出来事を結びつける特有の関係である。

それと同じように、童話の世界の形象性は、表現をもたないものという、童話の世界のありようのもつ機能である。童話の被造物たちは神秘ではない。それらは言いえないものの形象である。それは隠された意味を参照させるのではなく、人間のインファンティアの「形象を帯び」ている。

だから——形象的なテクストは（たとえば聖なるテクストはその最たるものであるが）本質的に形象化可能であるため——、童話の本は起源からしてすでに、挿絵をつけられる対象、「形象のある本」だった。だが、中世では「historiare（物語る）」と「figurare（形象化して語る）」が区別されていた。前者はしかじかの出来事の文字どおりの意味ないし歴史的な意味を表象するということであり、後者は形象化された意味を表象するということだった。[*18] 童話の本に挿絵をつけるとは、単に「物語る（historiare）」ということを意味するのではない。それは言葉のあいだに、言葉に含まれている言われていないことを出現させるということを意味する。私たちが思い出を物語ろうとするときのようにである。「私たちは一つの事柄を思い出して物語るとき、思い出のイメージが目に浮かぶことがある。だがそれはたいてい、童話の本の挿絵のように思い出のなかにただ散らばっているだけである」[*19]。

---

*13　直後に説明があるとおり、ここでの「形象的（figurale）」は「予表的（予型的）」というほどの意味。これ以降、「形象」にはこの含意がある。

*14　以下を参照。Erich Auerbach, "Figura," in *Gesammelte Aussätze zur romanischen Philologie* (Bern: Francke, 1967), pp. 55–92.〔「フィグーラ」高木昌史ほか訳、『世界文学の文献学』（みすず書房、一九九八年）五〇一一〇三頁〕以下も参照。Agamben, "Quarta giornata: *Apóstolos*," in *Il tempo che resta* (Torino: Bollati Boringhieri, 2000), p. 73.〔「第四日　アポストロス」、『残りの時』上村忠男訳（岩波書店、二〇〇五年）一一九頁〕

*15　たとえば以下。トマス・アクィナス『「マタイによる福音書」について』1, 5. 以下を参照。Auerbach, "Figura," p. 72.〔「フィグーラ」七三頁〕

*16　たとえば以下。ヒエロニュムス訳（ウルガタ）「コリント人への第一の手紙」10:6. テルトゥリアヌス『洗礼について』5. 以下を参照。Auerbach, "Figura," p. 67.〔「フィグーラ」六六頁〕

*17　「形象となった（figurato）」は、一般的には「譬喩的な」というほどの意味。

*18　以下を参照。Auerbach, "Figura," p. 73.〔「フィグーラ」七五頁〕

*19　Ludwig Wittgenstein, *Werkausgabe*, 4 (*Philosophische Grammatik*), ed. Rush Rhees (Frankfurt am Main: Suhrkamp, 1984), p. 181 [131].〔『ウィトゲンシュタイン全集』第三巻（『哲学的文法』第一巻）山本信訳（大修館書店、一九七五年）二五三頁〕

存在しないアトリエ（一九九七年）

芸術家とアトリエの関係は古代人の関心をあまり惹かなかったように見える。この関係が西洋絵画のなかに本当に入って来はじめるのはようやく十六世紀末のことである。だが、このジャンルの初期の代表作（たとえば、ボストン美術館所蔵のレンブラント・ファン・レインの小品）において驚かされるのは、アトリエが完全に整頓され、空っぽになっているということである。そのアトリエは、他の何でもない部屋とまったく区別がつかない。仕事中のカスパール・ダーフィト・フリードリヒを描いたゲオルク・フリードリヒ・ケルスティングの絵（一八一一年）においても依然、アトリエはただの名もない部屋、飾り気のない部屋であって、ガラスの小壜が三つ載っている小机を除けば、画家の活動の物質的痕跡は一つもない。床に置いてあったり壁に立てかけられたりしている画布も一枚もなく、床にも絵の具の染みは一つもなく、片隅に置き忘れられている道具も一つもない。

それに対して、現代画家のアトリエに入ったことのある者であれば誰でも、いかにあらゆるものが制作中の仕事や完了した仕事の痕跡を帯びているか、いかにあらゆるものが仕事の名残りや指標をごく些末な細部に至るまで保管しているかを知っている。それはあたかも、画家が絵を描くために完了しなければならなかったあらゆる身振りが、生きている資料のなかにしるしづけられるようにしてその空間のなかにしるしづけられたというかのようである。アトリエは、芸術家の創造的潜勢力と作品におけるその完了とのあいだの実際上の中間項である。それゆえ、少なくとも観察するすべを心得ている者にとっては、芸術家のアトリエを訪問することほど示唆に富むこともない。私たちの目の前にあるのは潜勢力から現勢力へ、天才から作品へ、「描く絵（pictura pingens）」から「描かれた絵（pictura picta）」へと導く、労多く不明瞭なプロセスを忠実に写し取っているイメージである。熟達した探偵は、フランス人が「机の浮き彫り（reliefs de table）」と呼ぶ、机の上に散らかっている残りものを注意深く観察することで食事がどのようになされたかを復元することができる。それと同じように、アトリエは創造の刻限を保存している。

だとすると、次のことは驚くにはあたらない。すなわち、完成した作品と完全な形式とを信仰していた古代人が芸術の台所を見せびらかすのを好まないのに対して、創造プロセスが作品に対して優位にあるということを理論化するロマン主義者からダダに至る近代人は、可能であるごとに物質的条件を展示し、アトリエにいる自分を表象することを好む、ということである。

ティティーナ・マゼッリのアトリエに入る者は、アトリエと住居を分離する境界が知覚できないとい

図19　ティティーナ・マゼッリ『サッカー選手』(1966年)［口絵］

うことに即座に気づく。それどころか、本来の意味でのアトリエなるものについて語ることさえできない。それはばあいに応じて応接間と一致したり、食堂と一致したりする。壁に立てかけてあったり床の上に丸めてあったりする画布を何枚か見てはじめて、私たちは自分が両義的な場所にいるということがわかる。一九八八年にカヴリアーゴでおこなわれた個展のカタログの最初を飾っている写真は、当の芸術家がローマのアトリエにいるところを撮ったものである。[*1] ティティーナは大きな白い肘掛け椅子に座って電話をかけている。その場所になじみのある者でなければ、そこがアトリエだとは誰も考えることができないだろう。古代の画家と同じようにティティーナはアトリエをもっておらず、創造プロセスの形跡を見せびらかさない。この点において、この画家はかくも近代的でありながら古典的な画家の傲岸さをあらためて見いだしている。その傲岸さとはつまり、ついに痕跡を欠いた身振りのことである。

だが、私たちのまなざしが画布の上に置かれるやいなや、すべてが変わる。しばしば指摘されてきたが、ティティーナの絵は緊張の力場であり、そこではすべての点、すべての線、すべての色斑が一つの運動を捉えようとしている。この画家の、熱に浮かされたような覚え書きには次のようにある。「現象が展開されるためにかかる時間について、その道を力動的なものにするすべを心得ること。出現は動きに対して生起する」。批評家たちはしばしば、高層ビルを背景にして行動しているサッカー選手やボクサー、あるいは矢のように高速で走る地下鉄を提示しているマゼッリの猛烈な図像誌から強い印象を受けるがままになってきた。私には、それらのイメージが写実的であるとか抽象的であるとかいったことを強調すべきとは思われない。ましてや、それらのイメージが大都市生活の隠喩という本性をもっているなどと強調すべきとは思われない。その選手たちが何かの寓意だとしても、それは絵画の潜勢力自体の寓意であって、ティティーナがそれらの選手において捉えようとしている運動は絵画を潜勢力から現勢力へと導く運動なのである。それは、潜勢力において形式のすべてを含んでいる「茫漠たる森（sylva ingens）」[*2]から当の形式を抽き出す身振りである。

ジャン＝ルイ・シェフェールは、ティティーナの絵画ではさまざまに異なる意味の水準がほとんど地層のように共存しており、その共存はいくつもの層が一つの視覚像になるにまで至っていると強調しているが、それももっともである。[*3] 私には、彼女の画布は作品における潜勢力と現勢力のあいだの関係の綿密な地層図であり、それは「描かれた絵画（pictura picta）」において「描く絵画（pictura pingens）」が

---

*1 以下を参照。Titina Maselli, *Titina Maselli* (Cavriago: Comune di Cavriago, 1988), no pagination.

*2 プブリウス・ウェルギリウス・マロ『アエネイス』7, 676–677. だが、ここでおそらく念頭にあるものとしては以下を参照。ジャンバッティスタ・ヴィーコ『普遍法』1, 169, 8 ; 2, 24, 14 ; ヴィーコ『新しい学』序論。以下も参照。Giorgio Agamben, “Idea della materia,” in *Idea della prosa* (Milano: Feltrinelli, 1985 [Macerata: Quodlibet, 2002]), p. 15.

*3 以下を参照。Jean-Louis Schefer, *Titina Maselli, trajets lumineux* (Paris: Christian Bourgois, 1978), p. 9.

現前していること、現勢力のまさに核心において創造的潜勢力が現前していることを、並外れたしかたで喚起するものであると思われる。アリストテレスは運動を定義したことがあるが、以来、その定義は哲学者たちにたえず考えさせてきた。いわく、「運動とは潜勢力であるかぎりの潜勢力の現勢力のことである」[*4]。このことが意味するのは、運動とは潜勢力と現勢力の雑種的存在、潜在的なものの現勢的実存だということである。ティティーナの絵はこの定義を完全に描き出すものである。とりわけ、ここで問題になっている運動が絵画の運動のことだということを忘れずにいるならばである。芸術的創造というのは創造的潜勢力から現勢力にある作品へという撤回不可能な推移のことだというのが、人がふつう想像するところである。だが、そうではない。芸術的創造とはむしろ、現勢力において潜勢力を保存するということ、潜勢力を潜勢力として自らに対して実存させるということである。それは、作品において天才の生きる生であって、その生はほとんど舞踊である。この意味で、ティティーナの描く生々しい都市の風景や燃えさかる大都市の光景は彼女の存在しないアトリエであり、創造プロセスの同時的視覚化である。ここに、震える表面の上に、この芸術家はついに自分のアトリエを見いだした。彼女はこの自分のアトリエにおいて、わが家にある[*5]。マゼッリの「想像上の美術館（musée imaginaire）」[*6]があるとすれば、「アトリエにいる芸術家（The artist in the studio）」こそがその理想的な題名であるにちがいない。

＊4　アリストテレス『自然学』201 a 10–11. 以下も参照。アリストテレス『自然学』201 a 27–29 ; 201 b 5–6.

＊5　「わが家にある」については本書「イメージの向こうの国」註＊10を参照。

＊6　本書「ニンファ」註＊2を参照。

落ちる美（一九九八年）

大芸術家や詩人であれば誰にでも次のような瞬間がある。その創造の行程において、それまでずっと自分が上向きに追求していると思っていた美のイメージが突然その方向を反転させ、いわば垂直落下するように見えるという瞬間である。

それは、フリードリヒ・ヘルダーリンがソポクレスの翻訳への註解において「句切り」や「反リズム的な中断」と定義している運動である。[*1] そのとき、その飛躍の中間で停止されたかのような言葉はほんの一瞬、その言葉によって言われる当のことをではなく単語自体を示す。それは詩の終わりにある危険に充ちた点であって、そこにおいては――ダンテ・アリギエーリが『俗語論』で書いているように――

＊1　本書「ギー・ドゥボールの映画」註＊14を参照。

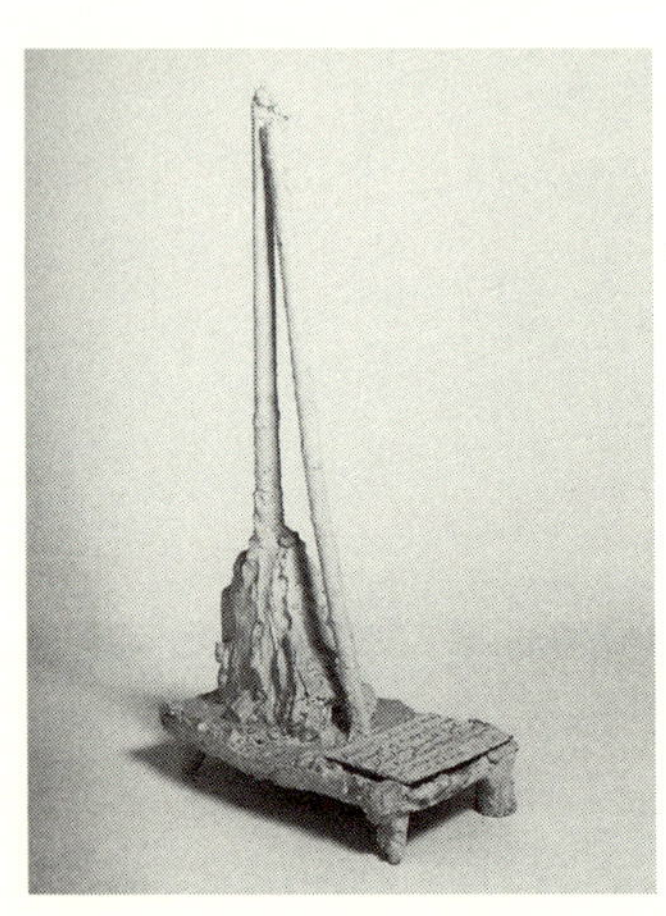

図20　サイ・トゥオンブリ、無題(1984年)［口絵］

詩句は沈黙のなかへと抱かれて落ちて行くように思われる。[*2]

これと同じ不動の転落が、『慈悲の七つのおこない』においてミケランジェロ・ダ・カラヴァッジョの天使たちの翼を震えさせている。この転落は、晩年のティツィアーノ・ヴェチェッリオの色彩の暗鈍としたマティエールにも息を吹きこんでいる。晩年の絵――ヴェネツィアのサン・サルヴァドール教会にある『受胎告知』やプラハにある『アポローンとマルシュアス』――にティツィアーノは「作った、作った (fecit fecit)」と署名しなければならなかったが、それは自分はそれらの絵をじつは作ったのではなく解体したのだということをわかっていたからである。[*3]

そのようなものが、これらの極端な彫刻におけるサイ・トゥオンブリの身振りである。ここにおいて、すべての上昇は反転されて粉砕されているかのようであり、作ることと作らないことのほとんど境界線上にあるかのようである。それは落ちる美である。

それは、自分の手法の最高点に至った芸術家がもはや創造するのではなく脱創造するときの、その脱創造の点である――それはメシア的な瞬間であって、その瞬間にはいかなる題を付すこともできない。その瞬間にあって芸術は奇蹟的に動きを止め、ほとんど茫然とする。そのとき芸術は一瞬ごとに落ちては上昇する。

＊2 以下を参照。Dante Alighieri, *De vulgari eloquentia*, in *Opere minori*, ed. Giorgio Bárberi Squarotti *et al.* (Torino: Tipografia Torinese, 1983), p. 528〔2, 13〕.〔『俗語詩論』岩倉具忠訳（東海大学出版会、一九八四年）一三七頁〕ダンテは「リズムとともに沈黙のなかに落ちる」と言っているが、これは具体的には最後の詩節が「対韻（rima baciata）」（文字どおりには「抱かれた韻」）で終わることを指す。

＊3 晩年のティツィアーノが作品に「Titianus fecit fecit（ティツィアーノが作った、作った）」と、二回も「作った」と書いて署名したことを指す。通説では、画力が衰えたと批判された自分の作品が未完成や失敗ではないと強調するためとも、画力の衰えにもかかわらず自分は描ききったのだとあえて主張するためともされる。

ピエール・クロソウスキー（一九八〇年）

ピエール・クロソウスキーの作品は、西洋形而上学の歴史と同じほど古い問題に対して忠実であるということによって、比類のない一貫性をもつものとなっている。その古い問題とは一者と多者という問題、唯一のものと複製可能なものという問題のことである。この文筆家は――その世代で最も独創的な文筆家の一人であることはたしかである――あるとき文学を放棄し、画家としての仕事に全面的に自らを捧げることになったが、それは当の一貫性を確証することに他ならない。じつのところイメージとは起源からこのかた、西洋文化が固有の中心的な謎の解決を探し求めた当の場のことだからである。その中心的な謎とは――まさしく――唯一のものと複製可能なものの統一のことである。イメージが打ち勝ちがたい二重性を帯びているのはそのためである。すなわち、イメージは唯一のものの現れであるとともに、あらゆるものにおいて反復可能・複製可能なものでもある。

図21　ピエール・クロソウスキー『平行棒II』(1976年)［口絵］

イメージのこの逆説的なありかたは、プラトンによる美の構想にすでに見られる。一方では美は最も目に見えるものであるが、他方では目に見えないものの現れである。[*1] 私たちの文化においては、一者と多者の二律背反が至るところで表象される。キリスト教神学においても新プラトン神秘主義においても、愛の理論においても認識の理論においても、至るところでこの二項のあいだに底知れぬ深淵が開けている。イメージはその深淵に住まう家の一員である。

この深淵の上に宙吊りになっているのがクロソウスキーのイメージである。神学的・哲学的なこの厚みを意識してはじめて、クロソウスキーのイメージはそれ固有の次元に位置づけられうるようになる。その次元は単に一

＊1　たとえば以下を参照。プラトン『パイドン』78d–79d.

者の側にあるのでも多者の側にあるのでもない。それはむしろ、一者と多者の断絶のなかにある。したがって、彼の思想の意味を、一者の単なる否定として了解されるような模像（シミュラークル）の理論へと縮減するような解釈は不適切である。そのような解釈は要するに、模像や幻影をいわれもなく増殖させる、一種の複製の形而上学である。

これらのイメージによって要求されるまなざしは、そのようなものよりもはるかに複雑である。じつのところ、クロソウスキーにとって決定的なのはただ、それらのイメージが快楽の圏域と結びついているということだけである。その圏域においてこそ、それらのイメージはユートピア的な厚みを見いだす。今ここで、クロソウスキーが『生きている貨幣』で開陳したあのユートピアの諸原則の要点を繰り返すわけにはいかない。ここではただ、その諸原則のなかに一つの発見があることを指摘すれば足りるだろう（その発見はフーリエの直観を極端にまで推し進めるものである）。完全な快楽はユートピアではなく、その正反対に完全なトピカ、完全な反復にして紋切り型だということの発見がそれである。[*2]

このように、クロソウスキーのイメージは唯一のものをも反復可能なものをもあらわにしない。それは原像をも模像をも、けっしてこの先存在しないだろうものをもつねにふたたび存在するだろうものをもあらわにしない。むしろクロソウスキーのイメージは、同じものの永遠回帰の渦の上にかけられた覆いのように波打っている。この渦のなかでそれらのイメージは燃えあがり、批評的‐パロディ的な誇張によってイメージとして全面的に消費し尽くされる。だがそれと同時に、この消費し尽くされるということにおいて、それらのイメージは一つのことをあばく。それは、快楽とは一者と多者の弁証法がついに完了を見いだす場だということである。このようにして、イメージは幸福をまなざしへと解放する。クロソウスキーの人生を決定的な瞬間に横切った思想家（ヴァルター・ベンヤミンのことである）は、この幸福を、唯一のものとつねに同じものとの出会いと定義づけたことがある。[*3]

＊2　以下の随所を参照。Pierre Klossowski, *La monnaie vivante* (Paris: Éric Losfeld, 1970).〔『生きている貨幣』兼子正勝訳（青土社、二〇〇〇年）〕なお、「ユートピア」とは「ないトポス（場所）」というほどの意味。「トピカ」は「トポス（定型的論題）の術」というほどの意味。

＊3　以下を参照。Walter Benjamin, "Agesilaus Santander," in *Gesammelte Schriften*, 6 (Frankfurt am Main: Suhrkamp, 1985), p. 523.〔「アゲシラウス・サンタンデル」浅井健二郎訳、『ベンヤミン・コレクション』第三巻（筑摩書房、一九九七年）二五七頁〕以下も参照。Giorgio Agamben, "Walter Benjamin e il demonico," in *La potenza del pensiero* (Vicenza: Neri Pozza, 2005), p. 206.〔「ヴァルター・ベンヤミンと魔的なもの」、『思考の潜勢力』高桑和巳訳（月曜社、二〇〇九年）二五七頁〕

ピエロ・グッチョーネの状況（二〇一一年）

ピエロ・グッチョーネの絵画に対しては何よりもまず、きまって口にされるいくつかの自明とされていることが真であるかを確かめ、ばあいによっては修正するのがよいだろう。グッチョーネは対照と総合の画家である、極端な不和とそれに劣らず極端な再構成の画家であると言われてきた。それは何よりもまず光と影のあいだの対照と総合である（彼は「影の礼讃」を織りあげることに取り憑かれたように専心する光の詩人だが、その影は「光の弱まり」にすぎない、とロベルト・タッシは書いていた[*1]）。だが、それは線と色彩のあいだの対照と総合（「海の線」に対する妥協のない観察が、聞き取れないほどの色彩の膨脹のなかで衰微していく）、内部と外部のあいだの対照と総合（情動の研究が強度を増したあげく、純粋な、のびやかな外部性へと転倒されるに至る）、生と芸術のあいだの対照と総合（ルーツとシチリア性――いや、さらに言えばシクリ性[*2]――の探究が、「いかなる母の子宮が彼を運んだのでもない」国、忘れられた理想的な国へとたどりつく）でもある。

ルクレティウスの詩において、「tenuis（扁薄な）」という形容詞は特別の重要性をもっている。ルクレティウスの詩は悦楽の詩であるが、何よりもまず扁薄さの詩でもある。「扁薄な」という形容詞に本来の意味を回復させてやるならば、そのように言える。「tenuis」は「微弱な、かすかな」ではない。[*3] 語源（「tendere（張る）」に由来する）に即して、「張られた」「薄い」、つまり引っ張られて薄くなった、というのが本来の意味である。そのためルクレティウスにおいては、何よりもまず扁薄なのは模像やイメージではあるが、原子もまた扁薄である。驚くべきことに、神の本性も扁薄である（「神々の本性はまさしく扁薄である（tenuis enim natura deum）」）。[1] 扁薄な、とはつまり、微弱な、ではなく、薄くて触知不可能な、ということである。まさに模像がそうである。模像はきわめて薄い膜であり、私たちの五感へと向かうべく物体の表面からたえず剝離しようとして立ちのぼっているようなものである。原子の小

＊1　以下を参照。Roberto Tassi, *Guccione: Elogio dell'ombra* (Busto Arsizio: Bambaia, 1981), no pagination. なお『影の礼讃』は一九七四年から制作された連作。直後に言及のある『海の線』も一九七〇年から制作された連作。

＊2　シクリ（Scicli）はグッチョーネの生地。シチリア南部に位置する。グッチョーネを中心とする「シクリ・グループ（il gruppo di Scicli）」の本拠地。「シクリ性（sciclitanità）」はそこからの造語。「sciclitudine」と書かれることもある。以下を参照。Vittorio Sgarbi, "Sciclitudine," in *Piero Guccione: Opere 1963–2008* (Milano: Skira, 2008), pp. 11–13.

＊3　「tenuis」には「薄っぺらな、薄弱な、微弱な、かすかな」という否定的なニュアンスがある（イタリア語「tenue」も同様）。

1　ルクレティウス『事物の本性について』5, 149.

さな、というか最小の屈曲、緊張としてルクレティウスが倦まず定義しているあのクリナメンもまた扁薄である（「原理のわずかな屈曲（exiguum clinamen principiorum）[2]［……］」「その物体はわずかに屈曲するのでなければならないが、その屈曲は最小以上ではない（paulum inclinare necessest corpora, nec plus quam minimum）」）[3]。精神もまた扁薄である（「精神はまさしく扁薄である（tenuis enim mens est）［……］」[4]）。

「扁薄な」という形容詞のもつこのルクレティウス的な意味を理解してはじめて、グッチョーネの絵画が互いに対照的なものを解消することに成功しているありかたも了解できるようになる。互いに対照的なものとは何よりもまず光と影、そして線と色彩である。その解消は、厳密に言えば構成ではない。グッチョーネは互いに対立しているものの総合をおこなっているわけではない。一致させたり和解させたりする対象となるようなものがあるわけではない。むしろ彼は、光が影へと衰微する――またその反対のことが起こる――境界線上、線が引っ張られて薄くなり、弱まって色彩となる――またその反対のことが起こる――境界線上で働いている。

扁薄なものはすぐさまある過程を経るが、それは縮減させる過程でも一致させる過程でもない。強度を増す過程、極端化する過程である。内や外、深さや平板さを限界まで推し進めてはじめて、内は外になり、深さは平板さになる。グッチョーネが「私は平板さが大好きだ[*4]」と断言するとき、差異のなくなるこの（扁薄さの）地帯のこと、彼の描く海の風景画のような、眩暈を生む平板さのことをこそ考えなければならない。

中世の哲学者たちによって最も論議された問題の一つは、強度的な大きさに関する問題である。この容赦ない論理学者たちは、大きさや事物が強度を増すことができるかぎりでのみ大きさや事物に関心をもつ。この残忍な神学者たちは、存在が増大したり減少したりできるかぎりにおいて、引っ張られたり弱められたりできるかぎりにおいて、存在を考慮する。彼らは次のように問う――しかじかの形式[*5]、たとえばハエや花の形式はどこまで、自らとは異なるものへと変異してしまうことなしに強度を増したり増大・減少したりできるのか?

グッチョーネの仕事場は、これこれのものが強度を増す(すでに見た意味で衰微したり弱められたりする)ときに被る変容にまさに関わる実験の場であって、そこは存在や形式が限界を失いながらも、まだ自らとは異なるものに実体変化してはいないような境界線である。

内と外、深さと平板さ、光と影、線と色彩のあいだの差異がなくなるこの(扁薄さの)地帯にこそ、この偉大なエピクロス的画家は住んでいる。彼は、私たちにはしらせの届かないシチリアの最後の「庭園[*6]」の継承者である。それも、もしかすると意識的な継承者なのかもしれない。

この実験の特権的な場は海の風景画である(「私が幾度も描いた[……]海とその流れの線[*7]」)。もし

2 ルクレティウス『事物の本性について』2, 292.
3 ルクレティウス『事物の本性について』2, 243–244.
4 ルクレティウス『事物の本性について』4, 748.
*4 以下を参照。Leonardo Sciascia, "La pitura di Piero Guccione," in *Piero Guccione* (Frankfurt am Main: Control Data, 1993), no pagination.
*5 以下、「形式(forma)」は「ヒュレー(hylē, materia)」に対置される「エイドス(eidos)」を指す。本書「形象の不可能性と必然性」註*3も参照。
*6 アテナイに作られたエピクロスの庭園が念頭にある。
*7 不詳。

図22　ピエロ・グッチョーネ『真昼の光』(2013年)［口絵］

かすると、たえず抹消され織りなおされるこの「しるしからなる目の詰まった横糸」[*8]にとっては、呼吸のイメージほど正当なものもないかもしれない（「呼吸するように描く」というのは、グッチョーネが自分の詩学を要約している定式の一つである）[*9]。呼吸は、ただ一つの運動が知覚できないしかたで逆転し、対立物へと移っていく緊張の場でないとしたら何だというのか？　グッチョーネは、吸気が呼気へと転ずる点に自らを位置づけている（『息の転換（Atemwende）』というのはパウル・ツェランの詩集の題である）[*10]。それは光が息づき、線が息をつめているように思われる点である。

ゴットフリート・ヴィルヘルム・ライプニッツが「微小知覚（petites perceptions）」という概念にたどりついたのは海の波を観察しているときだったということは知られている。水の無数の、扁薄きわまる、知覚できないほどの運動の数々が構成されて一つの波の視像を形成する。それと同じように、「私たちは自分にはわからない微小知覚をもっている」のであって、「気づかれうる知覚も、気づかれるにはあまりに小さな知覚から徐々に生じてくる」[*11]。

ライプニッツが北海の岸辺にいるところを私たちは想像することができるが、それと同じようにグッチョーネはサンピエーリ[*12]の黄土色の海岸にいる。彼の目と手は、まさにライプニッツが思考でつかみ取ろうとしていたあの知覚不可能なものを描き写そうと執拗に専念している。グッチョーネの消耗した線の数々、立ちのぼる色彩の数々は、私たちの気づかない「微小知覚（petites perceptions）」の等価物である。ライプニッツがグッチョーネの海の風景画を見ることができたなら、このばあいは目が思考を追い越したと認めたかもしれない。

これと同様の実験は時間についてもおこなわれている。グッチョーネは次のように書いている。「時間という問い――そのありそうもない膨脹――が自分の仕事においてこれほど主要なものになるとは私は想像していなかった」[*13]。ありそうもないほど膨脹させると、時間に何が起こるのか？ それは一方では季節に、夏になる（「他の場所よりもここシチリアでより聞き取りやすい」あの夏、彼にとっては現代芸術と「切り離せない」あの夏である）[*14]。それはまた他方では、その膨脹のなかへと歴史的時間を連

---

*8 不詳。

*9 たとえば以下を参照。Tassi, *Guccione: Elogio dell'ombra*, no pagination ; Paolo Nifosì, "L'umanesimo della natura," in *Piero Guccione: Opere 1963–2008*, p. 115.

*10 以下を参照。Paul Celan, *Atemwende* (Frankfurt am Main: Suhrkamp, 1967).〔『息の転換』、『パウル・ツェラン全詩集』第二巻、中村朝子訳（青土社、二〇一二年）一七―一八五頁〕

*11 Gottfried Wilhelm Leibniz, *Sämtliche Schriften und Briefe*, 6-6 (*Nouveaux essais sur l'entendement humain*), ed. Leibniz-Forschungsstelle der Universität Münster (Berlin: Akademie-Verlag, 1962), pp. 54, 56–57.〔『ライプニッツ著作集』第四巻（『人間知性新論』上巻）谷川多佳子ほか訳（工作舎、一九九三年）二二頁、二六頁〕なお、前半の引用は比較的自由になされている。

*12 サンピエーリはシクリ中心部から十キロほどのところに位置する海岸。

*13 不詳。

*14 不詳。

図23　ピエロ・グッチョーネ『ミケランジェロの『審判』から』(1999年)［口絵］

れこんでいく(「時間については、最も長い部分をではなく、最も快い部分を」[*15] とエピクロスは言っている)。「倣って」の実践はこの観点から見なければならない。[*16]

ここでもまた、「倣って」の力場は(というのも、ここで問題になるのは、互いに対立する緊張の数々があらゆる点において一つになる場だからである)、二極性によって定義づけられる。この二極性はもはや光と影、線と色彩の二極性であるだけではない。それは一方では過去／現在の、そして他方では様式／手法の二極性でもある。[*17]

ヴァルター・ベンヤミンは、過去のイメージはすべて歴史的な指標を含んでおり、その指標によってイメージは、現在(「読解可能性の今」)において認識可能になる瞬間へと回付される、と書いたことがある。「あらゆる今(Jetzt)はそれぞれ特定の認識可能性の今である。そこにおいて、真理は砕け散ってしまうほどに時間を充塡されている［……］。過去が現在に光を投げかけるのでもなければ、現在が過去に光を投げかけるのでもない。イメージとはそうではなく、かつてあったものが電光石火のうちに今と一つになり、ただ一つの星座をなす場である」[18]。

一九八四年三月にローマで開かれたすばらしい「カスパール・ダーフィト・フリードリヒをめぐる旅」展のことを、またカラヴァッジョの『洗礼者ヨハネの斬首』やル・ナンの『勝利の寓意』を繰り返し、決然と読解するさまのことを考えてみればよい。ここでは歴史の時間は停止しているが、それは永遠のなかで停止しているのではなく、緊張した星座のなかで停止している。それは、「倣って」が二つの契機、二つのイメージのあいだで定める均衡状態のなかで停止している。ほとんど破裂するほどに時間をいっぱいに帯びているこの星座において、過去と現在は見分けのつかなくなる地帯へと入っていく。その結果、絵画のカイロスもはっきりとした規定を失っていく。それはまるで画家グッチョーネが、一枚の絵というものはただ単に時間上の一点において起こるということはありえず、つねに必然的に過去と現在、記憶と前兆、書きものと読解のあいだの星座において起こりうるものであるということを私たちに思い起こさせたがっているというかのようである。

＊15　ディオゲネス・ラエルティオス『ギリシア哲学者列伝』10, 126.

＊16　グッチョーネは美術史上の名作（ミケランジェロ、マザッチョ、ラッファエッロなど）を取りあげて描きなおす連作に「倣って（d'après）」という総題を付している。後段のフリードリヒ、カラヴァッジョ、ル・ナンをめぐる作品もこの連作に属する。

＊17　以下、「様式（stile）」は個人の作風を、「手法（maniera）」は美術史上に現れた模範となる描きかた（たとえばミケランジェロの描きかた）を指すと捉えておけばよい。

＊18　Walter Benjamin, *Gesammelte Schriften*, 5-1, ed. Rolf Tiedemann (Frankfurt am Main: Suhrkamp, 1982), p. 578 [*Passagenwerk*, N 3, 1].〔『パサージュ論』第三巻、今村仁司ほか訳（岩波書店、二〇〇三年）一八六頁〕本書「ニンファ」註＊22も参照。

これと同じことが『ノルマ』『トリスタンとイゾルデ』『官能』『カヴァッレリーア・ルスティカーナ』のためのパステル画（粗描ではない！）についても言える。[*19] 要するに、モティーフがまなざしに現前しておらず、時間のなかに分離され遅延されるたびに、そのようなことが起こる。絵画によって要請される「不均衡なまでの膨大な時間量」――これは一九九八年のとある会話でグッチョーネが口にした言葉である[*20]――とは、単に描くために必要な時間のことではなく、何よりもまず、絵画のきら星の数々において過去と現在が一つの星座を形成する時間のことである。

海の扁薄な、ほとんど目に見えない線の数々を捉えることのできたまなざしは、歴史の横糸を引きちぎってはたえず織りなおす瞬間の震えにおいてこそくつろぎを覚える。

「倣って」の場の向かうもう一方の極は様式と手法のあいだの極である。ここでは、批評がこの二つの用語のあいだに定めてきた習慣的な位階的関係を決然と脇に除けるのがよいだろう。様式と手法は互いに縮減不可能な二つの現実を名指しているが、この二つの現実は必然的に相関関係にある。様式は芸術家にとって最も固有な特徴をしるしづけるものである。それに対して手法はそれとは逆の、脱固有化・非所属という過程を記載するものである。だが、様式と手法は両者の相互的関係においてのみその真の意味を獲得する。これらは二つの極であって、芸術家の自由な身振りはこの二極の緊張のなかにこそ生きている。様式は脱固有化する固有化であり（崇高な無頓着さ、最も固有な身振りにおける自己忘却）、手法は固有化する脱固有化である。それはつまり非固有的なもののなかで自らを予感し、自らを思い出すことである。すべての偉大な芸術家、すべての真の文筆家にはつねに、様式から距離を取り様式を極端にまで推し進める手法があり、自らを脱固有化して手法へと衰微する様式がある。

海の風景画は、線とハインリヒ・ヴェルフリンが「絵画的なもの（das Malerische）」と呼んでいたものとが互いに互いのなかへと消え失せる特権的な場である。[21] それと同じように、「倣って」は様式と手法が互いに差異を失う境界線へと入りこむ実験場である。熟練がすべて手法へと向かうというのが真ならば、「倣って」には、そのおかげでグッチョーネがまさしくこの緊張をテーマ化することができる、自分に属さないあるイメージにおいてくつろぎを見いだそうとすることができるという制作上の利があることになる。そのイメージは自分に属さないものであるにもかかわらず、まさに彼が自分から自分を脱固有化するかぎりにおいて、彼に固有のものとなる。この身振りにおいて、様式と手法のあいだの衰微した境界線において、画家グッチョーネは両者のあいだに第三のものが現れるにまかせる。それは、取り返しのつかない彼の「運筆（ductus）」を定義づけるものである。

この用語は今日、書きものの身振りにおける手の運動を指し示すものとしてとりわけ古文書学の専門用語のなかに生き延びているものだが、これにはその含蓄を際立たせる古い定義が存在している。いわく、「運筆（ductus）」とは「しかじかの形式［ないし形象］のもとに保存されている緊張（tenor sub aliqua figura servatus）」[22]のことである。書きものの身振りにおいて緊張している手は、紙の上に痕跡を残

*19 それぞれ、オペラ二作のための舞台背景（順に一九九〇年、一九九八年）、カミッロ・ボイトとジョヴァンニ・ヴェルガの小説のための挿絵（順に一九八六年、一九九五年）を指す。

*20 不詳。

*21 以下を参照。Heinrich Wölfflin, "Das Lineare und das Malerische," in *Kunstgeschichtliche Grundbegriffe* (München: Hugo Bruckmann, 1917), pp. 20–79.〔「線的なものと絵画的なもの」、『美術史の基礎概念』海津忠雄訳（慶應義塾大学出版会、二〇〇〇年）二八―一〇八頁〕

す文字の形式においてしるしづけられている何かによって導かれる。それらの文字は自分とは関わりのないもの、人々に共有されているものであるにもかかわらず、まぎれもなくその手のものである。それと同じように、これらのパステル画は、光と影、線と色彩の見分けがつかなくなるところで、様式と手法の彼方、固有なものと非固有なものの彼方に、ピエロ・グッチョーネの「運筆（ductus）」の比類ない震え、ほとんど不動の震えが出現するにまかせている。

＊22　マルティアヌス・カペラ『メルクリウスとフィロロギアの結婚』5, 470.

ソニア・アルヴァレス、毛布とベッドカヴァー（二〇一三年）

画布が表象しているのは『毛布とベッドカヴァー』である——題はそのように物語っている。その室内には、絵の背景となっているカーテンから金色の光が洩れ注いでいる。すべては不動である——とはいえ、そこには波立つ海のように波皺が寄っている。黄色い花の刺繍が施された青いベッドカヴァーが海である——それに対して、毛布の浜辺は盛り上がって灰色の砂丘になっている。ここで、不意に内部と外部の区別がつかなくなっているのは驚くことではない。というのも、この眠たげなベッドはたしかに風景だからである。一九九一年の『二つのクッション』や、『アトリエの偶然』（一九八八年）の山脈に似た布地が風景であるようにである。題自体が示唆しているところによれば、一九九六年の『毛布の城壁』もそうである。一九八二年の『大きなベッド』は——アイロニーがなくもないしかたで——ピエロ・グッチョーネの海の風景画を思い起こさせ、それをほとんど模倣している。しかしながら、この比

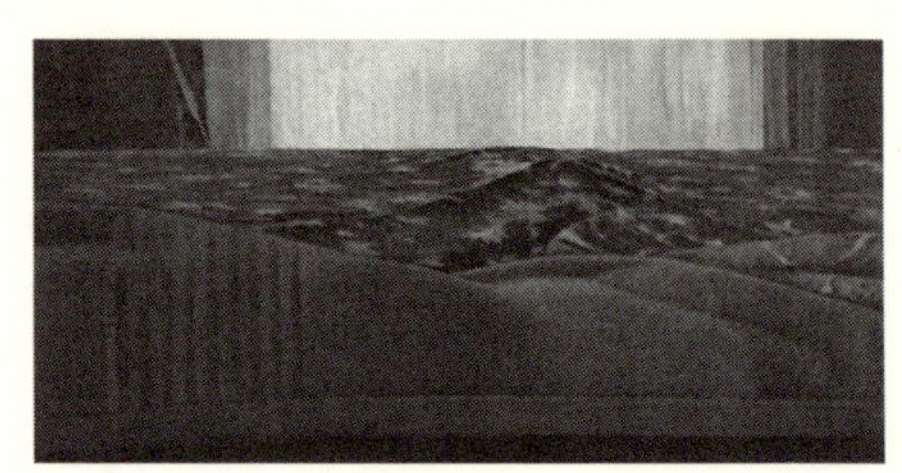

図24　ソニア・アルヴァレス『毛布とベッドカヴァー』(2009年)
［口絵］

類のない画家――彼女はたしかにその世代の最も偉大な画家のなかに含まれる――の身振りを定義づけているのは、内と外がこのようにぼやけて溶けあうこと、フランドルの「静物（Stilleben）」とピエール・ボナールの風景がこのようにぼやけて溶けあうことではない。家庭的であるとともに未聞でもあるこの世界、秘密きわまりないとともに横柄なまでに公的でもあるこの世界の、閉ざされた南部ふうの門扉を開ける定式を一つの合い言葉（シボレート）に縮めなければならないのであれば、役に立つ単語は「取り返しがつかないもの」しかない。取り返しがつかないとはここでは、ものが正確にあるがままであり、当のもののありようへと手の施しようもなく引き渡されているということである。[*1] ベッドカヴァーは記憶のおよばないしかたで当のベッドカバーであるということへと、毛布はうかつにも当の毛布であるということへと、赤い布と青い布の掛けられたフックはもったいぶることなく当のフックであることへと、青い羽毛布団は――他ならぬ当の羽毛布団であることへと――引き渡されている。[*2] 神は世界において自らを啓示しないという定理は、ここで仮借のない裁可を受ける。まさにものがかくも執拗に、取り返しのつかないしかたで当のもののありのままであるからこそ、ものにおいて神は自らを啓示しえない。しかしながら、ただこの点に至って、まなざしが忍耐強く、心奪われているかのように手をこまねいている

図25　ソニア・アルヴァレス『オープン・ベッド』(1987年)［口絵］

と、定式はその秘法を明らかにする。ここで世界は神を啓示しないが、このことがまさに驚異的なまでに神的である、というのがその秘法である。かくも意固地なまでにものに寄り添うこの画家は、純粋に形而上学的な精神の持ち主である。最も単純な、日常的な事物にかくも没入し、ほとんど途方に暮れているこの絵画から、その黄金の背景の前に、まるで原始キリスト教やビザンティンのバシリカ聖堂の後陣におけるように静かに立ち上がってくるのが、壮大な「玉座の準備(hetoimasia tou thronou)」である。数々の宝石で覆われたその空虚な玉座は、熾天使たちの拡げた翼のあいだにあって不動のまま、最後の日に世界を裁く主を待っている。[*3]

＊1　以下を参照。Giorgio Agamben, "L'irreparabile," in *La comunità che viene* (Torino: Einaudi, 1990 [Torino: Bollati Boringhieri, 2001]), pp. 37–38.〔「取り返しがつかないもの」、『到来する共同体』上村忠男訳(月曜社、二〇一二年)五四—五七頁〕Agamben, "L'irreparabile," in *La comunità che viene*, pp. 71–88.〔「取り返しがつかないもの」、『到来する共同体』一一三—一四一頁〕

＊2　フックと羽毛布団はそれぞれ『赤い布と青い布の掛けられたフック』(一九九二年)、『青い羽毛布団』(一九九一年)を参照している(なお前者について原著者は「赤いフック」と書いているが、フック自体は無塗装の木製なのでアルヴァレスの題に合わせて訂正してある)。

＊3　以下を参照。Agamben, "Archeologia della gloria," in *Il regno e la gloria* (Vicenza: Neri Pozza, 2007 [Torino: Bollati Boringhieri, 2009]), pp. 267–268.〔「栄光の考古学」、『王国と栄光』高桑和巳訳（青土社、二〇一〇年）四五八―四六〇頁〕

黄金の枝（二〇〇九年）

1　見かけの現れ

ミュンヘンの新絵画館（ノイエ・ピナコテーク）でハンス・フォン・マレの絵画を観察する者はすぐに、それらの絵画を古代絵画（とくにポンペイの絵画）や神話と結びつけている奇妙な関係に衝撃を受ける。それは単に図像誌上の関係だというわけではまったくない。その反対に、ここでは古代絵画はある複雑な操作を被る対象となっている。その操作は古代絵画のテーマや様式を反復もせず、更新もしない（誤ってそのように言われてきたが）。その操作は、破滅的な結末を迎える一種の疲れきったつかみあいの格闘において古代絵画と渡りあう。古代のイメージはまるで抹消され、欠損されているようであり、それはほとんど、執拗な雲からかろうじて姿を現しているかのようである。それだけではなく、画布ないしタブローの上に拡げられている材料さえも壊れた、ひびの入った、混乱したもののように見える。コンラート・フィードラーはこの混乱が偶発的でないもの、本質的なものだということを非常によく捉えている。一八七三年三月二十九日付の手紙で、彼は友人マレについて次のように書いている。「私は彼を人間として、また芸術家として高く評価していますが、その高評価は、彼が実際に作るもの（was er positiv leistet）にというより、彼が自分の芸術の最終目的についてはっきりわかっているという事実によっています。そのようにわかっている者はごくわずかです［……］。彼の挑んでいる戦いは勝利に終わることも、また残念ながら敗北に終わることもありうる。M［マレ］が自分の目指す目的に辿りつくかどうか、予見できる者は誰もいません［……］。仕事のはじめには、彼は終えられるかどうかけっしてはっきり知ることができない［……］。したがって、彼をあなたの壁画にふさわしい人物とお考えになるか、私にはわかりません[*1]」。

いわば、完了するまさにその瞬間に自らを裏切り責めるというマレの絵画の身振りが、これほど明確に捉えられたことはないかもしれない。彼の芸術のこの最終目的は、絵において成功と失敗を互いに見分けられないものとしている。その最終目的をマレは「見かけ（Erscheinung）」と定義づけている。彼は次のように書いている。「［アルノルト・］ベックリンのような芸術的な人間であっても、実際に作るものが満足のいくものであるわけではありません。その理由としてとくに挙げられるのは、近代人のほとんどすべて［……］が見かけ（Erscheinung）から出発しているということです。これはまさに亜流の悪癖です［……］。私の考えでは、見かけは芸術の仕事の最終的な結果でなければならない［……］[*2]。古代というモデルを前にして、マレはそのテーマ的内容をも図像誌的モティーフをも繰り返すことなく働き、純粋な見かけを完了に至らせている。純粋な見かけとはつまり、その見かけの現勢力自体——必然的に震えている、いわば見かけならざる現勢力——のことである。

2 疲れきった神話

モニカ・フェッランドはマレに対して負っている負債をたえず表明しており、マレの身振りを未聞のしかたでラディカルなものとするところから出発している。ここで起こっている過去との出会いが特殊な本性をもつものだということについて考えておく必要がある。絵画においても一つの考古学がある。ここでもまた、考古学はもしかすると現在に辿りつくための唯一の道を保持しているのかもしれない。『オデュッセイア』や『アエネイス』では、主人公は冥界（ハデス）へと下りて死者たちの影に出会い、彼らに語

＊1 Konrad Fiedler, letter to Anton Dohrn, March 29, 1873, in Julius Meier-Graefe, *Hans von Marées*, 1（München: R. Piper, 1910), pp. 240–241. 壁画の依頼者である「あなた」は動物学者アントン・ドールンを指す。なお、マレと友人アードルフ・フォン・ヒルデブラントによって結局引き受けられた当の壁画は、ドールンがナーポリに設立した動物学研究所に現存する。

＊2 Hans von Marées, letter to Konrad Fiedler, December 20, 1875, in *Briefe*（München: Piper, 1987), p. 139. 本書「形象の不可能性と必然性」註＊1も参照。

らせようとする。死者たちが語ることができるのはただ、主人公が犠牲を捧げ、死者の霊魂が飲みに来る井戸にその犠牲の血を注ぐときである。そうすることではじめて過去の影たちは語ることができるようになる。[*3]

近代芸術のまた別の系譜を探し求めるうちに、モニカ・フェッランドはある特異な冥界下り(ネキュイア)に辿り着く。そこにおいては、いまだ手つかずの過去のイメージが、それもまさに影として、その無言性のうちに喚起される。[*4] 私たちには、疲れきったそれらの影が窪穴の縁に列をなしているところが見えるが、いかなる犠牲もその窪穴を血で充たしには来ない。モニカが拾い集めるのは神話の沈黙である。それは生ではなく生の見かけ、死ではなく死の見かけである。異教の伝統においてもキリスト教の伝統においても、神秘はしかじかの効果的な活動を意味するが、ここではそれが力を汲み尽くしてしまい、途方もなく離れたところから口を閉じたまま私たちのほうにまなざしを向けている。それはまるで絵画が、この沈黙へと達するため、絵画に場を与えるために折り取られるべき黄金の枝だというかのようである。

3 通過儀礼と神秘

これらの神秘はもはや何に参入するための通過儀礼でもない。まさにそれゆえに、それは窮極の通過儀礼へと座を譲る。その窮極の通過儀礼においては生自体への参入が目指される。それは秘密のなさに、日常性に参入するための通過儀礼である。マックス・コメレルは近代における通過儀礼の変容について

図26　モニカ・フェッランド『「蜜のように甘い食事……」』(2010年)［口絵］

書いたことがある。いわく、今や通過儀礼において参入が目指されるのは生自体にであって、その通過儀礼はしかじかの聖なる制度や秘密の教説によってではなく、そのような制度や教説の外でのみなされうるというのである。「これは純粋な俗世における生、純粋に地上的、純粋に偶然的な生であって、この生こそが通過儀礼を施す。というのも、ふつうは聖なる圏域においてのみ行使されている権力が、ここでは生に授けられているからである。だが今や、この生自体が聖なる圏域、残るただ一つの聖なる圏域である。では、生は何に向けて通過儀礼を施すのか？生の意味に向けてではなく、ただ生自体に向けてである。それは、美や情念や謎という物質性を帯びつつ、あらゆる点で意味の縁をなぞるが、けっしてその意味を言い表すことのない、まったく名づけられぬままにとどまる何ものかである。つまり、その生には秘密がある――いや、その生自体が秘密である」[*5]。

というわけで、卵はなるほどたしかに神秘的な象徴ではあるが、とあ

＊3　以下を参照。ホメロス『オデュッセイア』11, 34–50. プブリウス・ウェルギリウス・マロ『アエネイス』6, 236–263.
＊4　「それもまさに影として」というのは、「影（ombra）」に亡霊という意味あいもあることをふまえている。

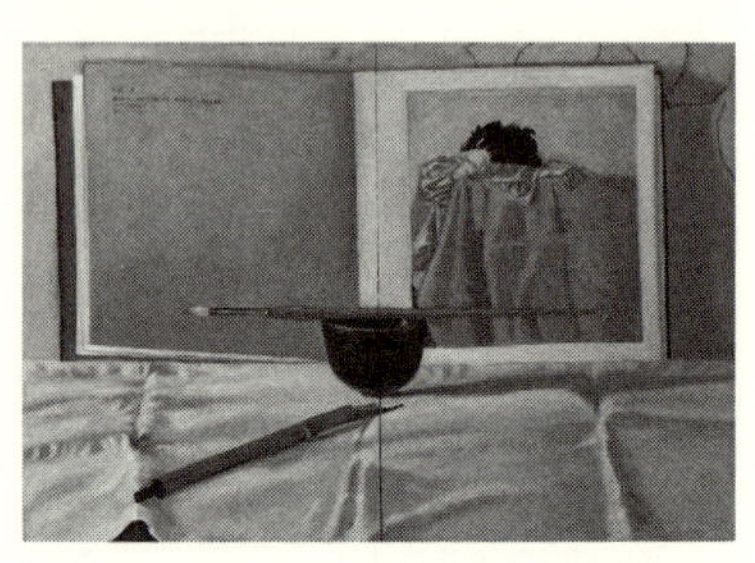

図27　モニカ・フェッランド『三幅対I　室内(アリカへのオマージュ)』(2011年)
［口絵］

る室内のテーブルに置かれた三つの卵は象徴や謎であり続けながらも、何も神秘を保持してはいない。それらは単に料理されるのを待っている。同じことは二枚の皿、ナイフとフォーク、塩の箱の置かれた「机の浮き彫り〔食事後の残りもの〕(reliefs de table)」についても言える。それは終わったばかりの食事の単なる痕跡である。溶剤の残った瓶が何本かあるアトリエの隅もそうである。半開きになっているドアの向こうに幾度か垣間見える、整えられていないベッドもそうである。風景のなかで裸になって踊っているあれらの人物像ほど幻視的なものを想像することは困難である。彼らは神話の黄金時代の幻影なのではなく、彼ら自身の疲れきった、束の間の、無言の見かけの幻影なのである。[*6]

ジャンニ・カルキアはとりわけ濃厚なあるテクストで、古代後期の小説の誕生について、神秘は神話のパロディであると書いていた。[*7] 神秘自体のこの瀆聖は崇高な、ほとんどパロディ的なものである。秘密に参入するためのではなく、生に、また秘密のなさに参入するための通過儀礼こそ、この画家の無比の財産である。[*8]

＊5　Max Kommerell, "Wilhelm Meister," in *Essays, Notizen, poetische Fragmente* (Olten-Freiburg: Walter, 1969), p. 82. 以下も参照。Giorgio Agamben, "Kommerell o del gesto," in *La potenza del pensiero* (Vicenza: Neri Pozza, 2005), pp. 247–248. 〔「コメレル　身振りについて」、『思考の潜勢力』高桑和巳訳（月曜社、二〇〇九年）三〇四―三〇五頁〕 Agamben, "La ragazza indicibile," in Agamben & Monica Ferrando, *La ragazza indicibile* (Roma: Mondadori Electa, 2010), pp. 29, 32.

＊6　ここではフェッランドの個々の作品が仄めかされている。三つの卵は、たとえば『「神秘において問われていた言いえなさ……」』（二〇一〇年）のモティーフとなっている。同様に、「机の浮き彫り」は『思い出』（二〇〇〇年）、アトリエの隅は『アトリエの隅』（二〇〇八年）、ベッドは『室内』（二〇〇一年）、人物像は『ヴィーコ湖のコレー』（一九九八年）に見られる。

＊7　以下を参照。Gianni Carchia, "Il mistero," in *Dall'apparenza al mistero* (Milano: Celuc, 1983), pp. 90–91. 以下も参照。Agamben, "La ragazza indicibile," p. 21.

＊8　以下も参照。Agamben, "[no title]," in Vittorio Sgarbi, ed., *L'arte non è cosa nostra* (Milano: Skira, 2011), p. 276.

栄光のイデア（一九八五年）

「見える（pare）」――この動詞の文法は何と奇妙なことだろう！

一方では、これは「videtur」を意味する。「……と思える、見せかけ・外見として現れる、したがって人を欺くものでありうる」ということである。他方では、これは「lucet」を意味する。「輝く、はっきりと表明される」ということである。[*1] 一方では、目に見えるものになるということ自体において隠れたままとなる潜在性が意味され、他方では、影のない純粋な、絶対的な可視性が意味されている。『新生』はまるごと全体がいわば見かけの現象学として構成されているが、そこではたびたび、この二つの意味が意図的に対置されている。「私には、部屋に火色の雲が見えたように思えた（parea）。そのなかに、見る者に怖ろしく映る男の姿を私は見分けた。その男は、非常な喜びをもって私に現れい（pareami）［……］（me *parea* vedere ne la mia camera una nebula di colore di fuoco, dentro a la quale io discernea una figura d'uno segnore di pauroso aspetto a chi la guardasse ; e *pareami* con tanta letizia, quanto a sé［…］」[*2]。グイード・グイニツェッリもこれと同じような皮肉をこめて二つの意味を区別しているが、それはほとんど、両者の混同をより露呈させるためとも言える。「彼女はディアーナの星よりも輝いて見え（più che stella Diana splende e pare）［……］」[*3]。）

この二つの意味は本当は互いに分離できないものであって、どちらの意味で用いられているのか決めるのが容易ではないこともある。それはまるで、あらゆる輝きには見せかけが含みこまれているというかのよう、あらゆる「parere（現れる）」には「mi pare（私には……と見える）」が含みこまれているというかのようである。

人間の顔のなかで目が私たちを打つのは、感情表現をそのまま示す透明さをもっているからではない。ちょうどその反対であって、感情表現に対して執拗に抵抗するから、濁っているからである。他の人の

＊1　イタリア語「pare」は動詞「parere」の現在形（三人称単数）。ラテン語「videtur」は動詞「videre（見る）」の受動態にあたり、文字どおりには「見られる」を意味する。ここでは英語の「it seems」に相当するニュアンスが参照されている。ラテン語「lucet」のほうは動詞「lucere」の現在形（三人称単数）で、意味は「輝く」。本書「イメージの受苦」註＊2も参照。
＊2　ダンテ・アリギエーリ『新生』3, 3.
＊3　グイード・グイニツェッリ「私は詩で私の女性を讃えたい……」3. ここで言われているのは、「splende e pare」という表現が「輝いて、あらわに見える」とも、「輝いて、そのように見える」とも取れるということ。

目に本当にじっとまなざしを向けると、当の相手について私たちに見えるのはごくわずかである。それどころか、私たちに見えるのは相手の目から返ってくる、小さくなった私たちのイメージである。「pupilla（瞳）」の名はここに由来している。[*4]

この意味で、まなざしは本当に「人間の澱」である。だが、人間のこの滓だけが、顔のもつこの底知れぬ不透明さ・悲惨さだけが（かくもしばしば、愛しあう者たちはその澱のなかで自らを失う。そしてまた、政治家はその澱を権力の道具にすべく注意深く評価するすべを心得ている）、人間の霊性をしるしづける唯一真正な目印なのである。

ラテン語「vultus」は――イタリア語「volto（顔）」の由来である――、インド－ヨーロッパ諸語ではゴート語「Wulthus」にのみ正確な対応物がある。だが、この単語を私たちに伝えているウルフィラの聖書では、「Wulthus」は「顔」を意味する表現としては用いられていない（すでにキケロが、ギリシア語にはこの単語と等価なものがないと指摘していた。彼は次のように書いている。「動物にはありえず人間だけに存在する顔（vultus）と呼ばれるものは、心のありかたを指し示す。ギリシア人はその意味を知っていたが、これを指す名をまったくもっていない」）。[*5]「Wulthus」は、神の栄光を意味するギリシア語「doxa」を翻訳するものである。旧約聖書で「栄光（kabod）」という単語が指し示しているのは、神性が人間に対して自らを表明すること、いやむしろ、神の本質的諸属性の一つとしての表明なるものである（語源的に言って、「doxa」は見かけ、外見を意味する）。「ヨハネによる福音書」では、キリストを信ずる者はしるし（「sēmeia（奇蹟）」）を必要としないとされている。それは、キリス者にはただちにキリストの栄光が、「顔」が見えるからである。キリストの顔は、すべてのしるしが成就される最後の「しるし」である十字架の上で完全にあらわにされる。[*6]

私は誰かの目にまなざしを向ける。[*7] 目は伏せられる（これは慎み、まなざしの背後にある空虚の慎みである）。あるいはまた、目は私にまなざしを返してくる。目は、私に厚かましくまなざしを向けてくるのかもしれない。そのとき、目は自らの空虚を露呈させるが、それはまるで背後に、その空虚を認識しているまた別の底知れぬ目があり、その底知れぬ目のほうが誰も入り込めない隠れ場所として当の空虚を用いているというかのようである。あるいはまた、目は純潔な、留保なき慎みのなさゆえにまなざしを向けてくるのかもしれない。そのとき、目は私たちのまなざしの空虚のなかに愛と言葉が生起するがままに任せている。

ポルノ写真において、写っている者たちがレンズのほうにまなざしを向け、自分がまなざしへと露出

＊4　本書「イメージの受苦」註＊9を参照。

＊5　マルクス・トゥリウス・キケロ『法律について』1, 9, 27. ここで言われているのは、ただの顔面ではなく、感情表現を備えた顔のこと。

＊6　本書「イメージの受苦」註＊2を参照。栄光については以下も参照。Giorgio Agamben, "Archeologia della gloria," in *Il regno e la gloria* (Vicenza: Neri Pozza, 2007 [Torino: Bollati Boringhieri, 2009]), pp. 219–276.〔「栄光の考古学」、『王国と栄光』高桑和巳訳（青土社、二〇一〇年）三七〇―四七三頁〕

＊7　この段落と次段落はほぼ同一の形で以下にも組み入れられている。Agamben, "Il volto," in *Mezzi senza fine* (Torino: Bollati Boringhieri, 1996), pp. 75–76.〔「顔」、『人権の彼方に』高桑和巳訳（以文社、二〇〇〇年）九七―九八頁〕

されているのを意識しているということを露呈させることがあるが、これは計算された戦略素である。[*8] そのようなイメージの消費には、当のイメージにまなざしを向けている者が自分は見られることなく俳優たちを見ているという虚構が暗黙のうちに含まれているが、この予期せぬ状況はその虚構を暴力的にくつがえす。俳優たちはそのまなざしに意識的に挑みかかり、自分の目をじっと見つめるように覗き屋に強いる。

この驚きが持続する短い瞬間に、その哀れなイメージとそれにまなざしを向けている者のあいだに、何か正真正銘の愛の問い訊ねのようなものが走り抜ける。厚かましさが透明さと境を接し、彼らの現れが一瞬のあいだ、ただ輝きとなる。(とはいえ、それはただ一瞬のことである。ここでは意図が完璧な透明さを妨害するというのは明らかである。彼らはまなざしを向けられているということをわかっており、それをわかっているということに対して対価を支払われている。)

網膜に反映されたイメージがまさに視覚像をなす神経の分布点において、目は必然的に盲目である。目は、この不可視な中心のまわりに視覚像を組織する――このことはまた、あらゆる視覚像は見る者に対してこの盲目性を見せないために組織されているということをも意味している。それはまるで、あらゆる非潜在性にはその中心にはめこまれるしかたで、消し去ることのできない潜在性が含まれているというかのよう、あらゆる輝きは内奥の暗闇を閉じこめているというかのようである。

動物に対しては、この盲点はいつまでも隠されたままである。動物は無媒介に自分の視覚像と隣接しており、自らの盲目性をあばいたり経験したりすることはけっしてできない。動物の意識はこのように

図28　ディーター・コップ『中国の碗』(2004年)［口絵］

して、それが目醒める点自体で消滅する。それは純粋な声である。（動物が見かけを認識しないのはそのためである。イメージとしてのイメージに関心をもち、見かけとしての見かけを認識するのは人間だけである。）

　人間が意識をもつ主体として自らを構成するのは、この盲点に全力でしがみつくことによってである。それはまるで、人間が自らの盲目性を見ようと絶望的に努めるというかのようである。というわけで、人間にあっては、あらゆる視覚像において刺激と反応のあいだに遅れ、非隣接性、記憶が忍びこむ。ここではじめて見かけは事物から分離され、外見は輝きから分離される。だが、この暗闇の一しずく——この遅れ——が、これこれのものが*ある*ということに関わっている。その暗闇の一しずくが存在なるものなのである。ただ私たちにとってのみ、事物は*ある*。それはただ私たちにとってのみ、私たちの欲求から解かれ、また事物との無媒介な関係から解かれたものとして*ある*。事物は単に、驚異的に、手の届かないしかたでそこにある。

＊8　この段落については本書「ギー・ドゥボールの映画」註＊19も参照。なお、この段落と次段落（末尾を除く）は、ほぼ同一の形で本書「イメージの受苦」にも組み入れられている。

だが、盲目性を捉える視覚像とは何を意味しうるのか？　私は自分の暗さを捉えたい、私のなかにあって表現されぬまま、言われぬままになっているものを捉えたいと思う。だが、これはまさに私自身の非潜在性である。それは、私は乗り越えられない顔にして見かけに他ならない、ということである。自分の目の盲点を本当に見ることができたとして、私に見えるものは何もないだろう（これが、神秘思想家によって神が住まうと言われている暗闇である）[*9]。

それぞれの顔が一つの感情表現へと縮まり、一つの性格へとこわばり、そのようにして自分自身に入りこみ深みにはまっていくのはそのためである[*10]。性格とは、表現すべきものなど何もないということに顔が気づき、自らの盲目性を探し求めて絶望的に背後に引き下がるときに見せる渋面のことである。

だが、ここで捉えるべきはただ非潜在性、純粋な可視性だけ、顔つきだけである。顔は顔面を超越するような何かではない――顔とは、顔面が自らの裸性のなかに露呈されているということ、性格に対する勝利のことである。その露呈、その勝利が言葉である。

言語活動が私たちに与えられたのは、事物を当の事物のイメージから開放するため、見かけにそれ自体の見かけをもたらすため、見かけを栄光へと導くためではないのか？

*9 暗闇に関しては以下も参照。Agamben, "La 'notte oscura' di Juan de la Cruz," in Juan de la Cruz, *Poesie*, trans. Agamben (Torino: Einaudi, 1974), pp. v–xiii ; Agamben, "Du noir," *Dédale*, no. 1/2 (Paris: Maisonneuve & Larose, autumn 1995), pp. 111–113 ; Agamben, "L'idea del linguaggio," in *La potenza del pensiero* (Vicenza: Neri Pozza, 2005), pp. 26–27.〔「言語活動のイデア」、『思考の潜勢力』高桑和巳訳（月曜社、二〇〇九年）三〇―三一頁〕Agamben, "La potenza del pensiero," in *La potenza del pensiero*, pp. 277–280.〔「思考の潜勢力」、『思考の潜勢力』三三八―三四二頁〕

*10 この段落と次段落は書き換えられたうえで以下にも組み入れられている。Agamben, "Il volto," p. 78.〔「顔」一〇二頁〕

絵画の寓意（二〇一三年）

この絵は一九八八年にアルテミジア・ジェンティレスキ作とされたが、より最近の研究では十七世紀前半のナーポリの無名画家によるものとされている。ここに表象されているのは、眠りこんだ裸の女性がレンガ張りの床に横たわっているところである。彼女には、金色の菱形の刺繍が施されたブロケード織りの布がごくわずかに掛けられている。これが絵画の寓意だということは、そこにパレットがあるということから、また眠りこんだ女性の身体の脇に絵筆が散らばっているということから疑念の余地なく証される――さもなければ、この絵ではパレットなど場違いだろう。それに、彼女の後ろには画架の脚とおぼしいものが垣間見えている。パレットの脇に置かれた仮面は寓意的な意図を強調しているように思われる。

この意図の特有性は人を驚かせうるものである。絵画はまなざしとのあいだに本質的に関係を含意し

図29　ナーポリの無名画家『絵画の寓意』(1630–1640年)［口絵］

ているのに、それが目を閉じた女性として表象されているのはいったいどうしてなのか？　この問いに対するありうべき回答の第一は、眠りはここでは夢の暗号となっているというものである。絵画は夢の想像や幻影に関わっているのだ、絵画は夢なのだ——無名の寓意画家はそのように示唆しているように思われる。この仮説はたしかにもっともなものに思えるが、これと齟齬を来たすのが、裸の女性が決然と写実的に扱われているということである。残酷なまでに丁寧に描かれた垂れ下がるたわわな胸、背中や腿の肌色や影といったものから示唆を受けて踏み迷った意地悪な批評家のなかには、「明白な猥褻さ」という考えに辿りついた者もいた。

私たちはこの「より安易な読解（lectio facilior）」を放棄して、この眠りこんだ絵画のイメージを、潜勢力に関するアリストテレスの教説に執拗に姿を現す一つのモティーフへの呼びかけとして見ることを提案する。アリストテレスは著作中で幾度も、睡眠を潜勢力と、現勢力を覚醒と比較している。『霊魂論』は十七世紀の文化には完全になじみのある作品であるが、そのとある一節で、それもまさに霊魂を定義づける瞬間に、アリストテレスは睡眠を潜勢力における認識の所有と同一視している。この一節はあらゆる古典同様、示唆に富む何らかの驚きを含んでいるかもしれない。以下、読むことにしよう。「霊魂は必然的に言って、潜勢力において生をもっている自然的な物体の形式としての実体である。実体はエンテレケイア〔目的において所有されるもの〕である。したがって、霊魂はそのような物体のエンテレケイアである。だが、エンテレケイアは二つのしかたで言われる。〔潜勢力にある〕知（epistēmē）として言われるか、あるいは現勢力における認識（theōrein）として言われるかである。霊魂が知のようであるのは明らかである〔つまり、霊魂は、知が潜勢力にあるというのと同じ意味で潜勢力にあるエンテレケイアである〕。じつのところ、睡眠においても覚醒においても霊魂は存在している。だが、覚醒のほうは現勢力にある認識にあたり、それに対して睡眠のほうは知を現勢力において行使しないまま所有することにあたる。同一の個人について言えば、知の所有のほうが生成の順序として先行している。したがって霊魂は、潜勢力において生をもっている自然的な物体の、第一のエンテレケイアである」[1]。

　短いがきわめて濃厚なこの一節では、潜勢力における認識の所有である「知（epistēmē）」が睡眠と比較されているというだけではない。霊魂自体が、知の行使から独立した、それに先行した――つまり、いわばまだ眠っている――知の所有と比較されている。じつのところ、第一のエンテレケイアはアリストテレスにとっては潜勢力を意味する。それは、子どもが〔大きくなったら〕これこれやしかじかになることができると言うときのような漠然とした意味での潜勢力ではなく、「もちよう（hexis）」という意味での潜勢力である。それはつまり、術やそれに対応する知をすでに獲得した者に関わる潜勢力（つまり、建築家が建築する潜勢力をもち、彫刻家が彫刻する潜勢力をもっていると言うときの意味での潜勢力）のことである。[*1] 真に潜勢力をもつ者は当の潜勢力を行使することも、それを現勢力へと移行させないこともできる——アリストテレスは別の箇所でそのように言っている。[*2] 潜勢力は本質的に言って、その非行使の可能性によって定義づけられる。つまり、『霊魂論』の譬喩にしたがえば、潜勢力は眠った状態にとどまることができるということによって定義づけられる——これがアリストテレスの、一見すると明白だが天才的なテーゼである。

だとすると、無名画家によるこの寓意画に見られる眠りこんだ女性は、絵画の潜勢力のイメージであるのかもしれない。描く術の所有としての、「もちよう（hexis）」としての絵画の潜勢力のイメージである。潜勢力としての絵画を表象するため、つまり絵画自体の「術（ars）」を表象するためには、画家は〔実際に〕描いているという現勢力を表象することはできなかった。画家は潜勢力の睡眠を、絵画の眠りを描かなければならなかった。

この無名画家、もしくは注文主はアリストテレスの一節を知っており、それを参照するというのが意図だったのかもしれない。そのように考えることを妨げるものは何もないが、ここでは、実際にそうだったかということに私たちは関心がない。むしろ、解釈上のあらゆる意図を超えたところで、この寓意に暗に含まれている絵画および芸術的創造の理論こそが私たちの関心を惹く。じつのところ、画家にと

1　アリストテレス『霊魂論』412 a 20–29.〔原著者は 425 としている。修正した〕

＊1　以下を参照。Giorgio Agamben, "La potenza del pensiero," in *La potenza del pensiero* (Vicenza: Neri Pozza, 2005), pp. 275–277.〔「思考の潜勢力」、『思考の潜勢力』高桑和巳訳（月曜社、二〇〇九年）三三五—三三七頁〕

＊2　以下を参照。アリストテレス『形而上学』1046 e 29–32 ; 1050 b 10–12. 本書「来たるべき身体」註＊15も参照。

って、絵画の潜勢力自体を、つまり絵画自体の「術（ars）」を——一言で言えば潜勢力の眠りを——表象するとは何を意味するのか？　それが意味するのは、窮極の熟達は単にこれこれの物体を表象するというところに存するだけではありえず、これこれの物体を表象しつつ、それとともに当の物体を描くにあたって用いられた潜勢力をも提示するというところに存する、ということである。これが、『ラス・メニーナス』を描いているときのディエゴ・ベラスケスの意図とおぼしい。また、カジミール・マレーヴィチは、無為が芸術の最高段階であり、白はその暗号であると書くが、そのときの彼の意図もこれとおぼしい。[*3]　このように、偉大な詩はただそれが言うところの当のものだけを口にするのではなく、その当のものを言っているところだという事実をも、つまりそれを言うことの潜勢力と非の潜勢力をも口にする。詩が言語を宙吊りにすること、言語を露出させることであるのと同じように、絵画はまなざしの潜勢力の眠り、まなざしの潜勢力の露出なのである。

---

*3　以下を参照。Kazimir Malevich, *Len' kak dejstvitel'naja istina chelovechestva* (Moskva: Gileja, 1994). 以下も参照。Agamben, "L'opera dell'uomo," in *La potenza del pensiero*, p. 371.〔「人間の働き」、『思考の潜勢力』四五二頁〕

アガンベンとイメージ　編訳者あとがきに代えて

高桑和巳

本書『ニンファ　その他のイメージ論』は、ジョルジョ・アガンベン（一九四二年―　）が折りに触れて書いてきたイメージ論、絵画論を日本語で独自に集成したものである。

テクストの選択は編訳者がおこなったが、原著者から若干のテクストの追加・削除の提案があり、それを採用することで最終的な出版許可を得たため、本書は原著者の認定した版と見なしていただいてさしつかえない。

この分野におけるアガンベンのテクストが完全に網羅されているわけではないが、実質上は、既訳書と合わせれば関連する議論のほぼすべてがカヴァーされるはずである。

同様の出版の試みとして、『イメージと記憶』と題された論集がフランス語で刊行されたことがある。一九九八年に出されたその本は四本の論考を収録した小さな本だった。[1]二〇〇四年には同じ題で、しかし収録作が八本追加されて計十二本になった新版が刊行されている。[2] これらの貴重な例外を除けば、アガンベンのイメージ論集刊行の企ては（イタリア語でも英語でも、その他の言語でも）存在していない。本書はこの『イメージと記憶』を直接的な出発点にしているわけではないが、二〇〇四年版所収の全テクストを本書にもすべて（すでに他の論集に収められている三本を除いて）収録し、[3] さらに未収録テクスト十一本を新たに加えている。

構成については以下のとおりである。内容的にも分量的にも全体を代表すると見なしうる重要な論考「ニンファ」を冒頭に置き、本書全体への入口とした。次いで部を改め、イメージ一般について論じている、もしくは舞踊や映画を通じてイメージを扱っているテクスト五本を置いた。さらに第三部として、個々の美術家（大半は二十世紀後半以降のイタリア在住の画家）をめぐって、あるいは絵画一般をめぐって書かれた、比較的短いテクスト十四本を配置した。

この三部構成も個々のテクストの配置も読みやすさを考えてのものではあるが（執筆・発表順は考慮せず、多少なりとテーマに近さが見られるものを隣りあわせて並べるという方針を採っている）、この構成に絶対的な基準があるわけではない。自由な順序で読み進めていただければ幸いである。

★

まずは、それぞれのテクストについて書誌と内容を簡単に記し、扱われている画家などについても若干の紹介を試みる。

第一部に収録しているのは「ニンファ」一篇のみである。以下が初出である。"Nymphæ," *Aut aut*, no. 321/322 (Milano: Il Saggiatore, 2004), pp. 53–67. 後に以下の単行本となっている（本書では単行本のほうを底本としているが、内容は同一である）。*Ninfe*（Torino: Bollati Boringhieri, 2007).

初出の『アウト・アウト』誌はアビ・ヴァールブルク（一八六六—一九二九年）の特集号となっている。日本語でも近年よく知られるようになったこのドイツの美術史家をめぐっては、アガンベンはすでに一九七五年に重要な論考「アビ・ヴァールブルクと名のない学」を発表している（これは一九八四年に、やはり『アウト・アウト』誌のヴァールブルク特集号に「傍註」を付して再発表され、後に『思考の潜勢力』に収められている）[4]。その後も、アガンベンは折りに触れて——とくに二〇〇八年にまとめられた『事物のしるし』[5]において——ヴァールブルクによる歴史的イメージをめぐる認識論を取りあげている。

1 Giorgio Agamben, *Image et mémoire*, trans. Marco Dell'Omodarme *et al.*（Paris: Hoëbeke, 1998). 収録作は「アビ・ヴァールブルクと名のない学」、「起源と忘却」、「ギー・ドゥボールの映画」、「記憶の及ばないイメージ」である。

2 Agamben, *Image et mémoire*, trans. Dell'Omodarme *et al.*（Paris: Desclée de Brouwer, 2004).

3 除かれたのは「アビ・ヴァールブルクと名のない学」、「起源と忘却」、「記憶の及ばないイメージ」である。この三本はいずれも以下の論集に収録済みである。Agamben, *La potenza del pensiero*（Vicenza: Neri Pozza, 2005).〔『思考の潜勢力』高桑和巳訳（月曜社、二〇〇九年）〕

全十節からなる本論考の各節では、現代美術家ビル・ヴィオラ（一九五一年―　）のヴィデオ・アート、十五世紀の舞踊教師ドメニコ・ダ・ピアチェンツァ（一四〇〇―一四七〇年頃）の『舞踊論』、二十世紀なかばのアウトサイダー画家ヘンリー・ダーガー（一八九二―一九七三年）の遺した挿絵、二十世紀前半の文化史家ヴァルター・ベンヤミン（一八九二―一九四〇年）の唱えた「弁証法的イメージ」、十六世紀前半の錬金術師パラケルスス（一四九三―一五四一年）による精霊論、十四世紀の詩人ジョヴァンニ・ボッカッチョ（一三一三―一三七五年）によるニンファのイメージなど、一見したところまちまちと思える対象が参照されている。[6] 雑多な議論を寄せ集めた短文集とも見えるが――原題は複数形になっており、くどく訳せば「ニンファたち」となるが、つまりはニンファをめぐる物尽くしというところである――、動きという負荷を帯びた歴史的イメージなるものに関するヴァールブルクの特異な認識論に対するアガンベンの理解がそれらの多様な議論を貫き、全体を一つにまとめあげている。

第二部は映画、舞踊といったスペクタクルを含むさまざまなイメージを論じた諸論考からなる（偶然だが、初出はすべてフランス語である）。数篇ずつまとめて紹介しよう。

最初に置かれた「映画の一倫理のために」と「ギー・ドゥボールの映画」の初出は以下のとおりである。"Pour une éthique du cinéma," trans. Daniel Loayza, *Trafic*, no. 3（Paris: POL, 1992), pp. 49–52 ; "Le cinéma de Guy Debord"（1995), in *Image et mémoire*（Paris: Hoëbeke, 1998), pp. 65–76. 知るかぎりでは、前者についてはイタリア語のテクストは発表されていない（もともとはフランスの映画批評誌『トラフィック』のために書かれた）。また、後者は直接フランス語で準備されたとおぼしい。一九九五年十一月にジュネーヴで第六回国際ヴィデオ週間が開催され、そのなかでギー・ドゥボール（一九三一―一九九四年）のフィ

ルムの回顧上映が企画された。それにあわせてドゥボールをめぐる一連のセミナーがおこなわれたが、

4　Agamben, "Aby Warburg e la scienza senza nome," *Prospettive Settanta*, 1, no. 2 (Roma: Associazione culturale Settanta, 1975), pp. 70–85 ; Agamben, "Aby Warburg e la scienza senza nome," *Aut aut*, no. 199/200 (Firenze: La Nuova Italia, 1984), pp. 51–66 ; Agamben, "Aby Warburg e la scienza senza nome," in *La potenza del pensiero*, pp. 123–146.〔「アビ・ヴァールブルクと名のない学」、『思考の潜勢力』一五〇—一七六頁〕

5　Agamben, *Signatura rerum* (Bollati Boringhieri, 2008).〔『事物のしるし』岡田温司ほか訳（筑摩書房、二〇一一年）〕

6　本篇のそれぞれの訳註に挙げたもの以外にも、それぞれについて日本語で参考にできる文献がある。ヴィオラについては以下を参照。ビル・ヴィオラ『ヴィデオ・ワークス』（NTT出版、一九九七年）。ヴィオラ『はつゆめ』（淡交社、二〇〇六年）。ドメニコについては以下を参照。ドメニコ・ダ・ピアチェンツァ「舞踊論（その1）」川崎淳之助ほか訳、『聖徳大学言語文化研究所論叢』第十二巻（聖徳大学出版会、二〇〇四年）四四七—四九四頁。ドメニコ「舞踊論（その2）」川崎ほか訳、『聖徳大学言語文化研究所論叢』第十三巻（聖徳大学出版会、二〇〇五年）四九三—五七九頁。川崎ほか「15世紀イタリア宮廷舞踊とリズム」、『比較舞踊研究』第十六巻（比較舞踊学会、二〇一〇年）一—八頁。ダーガーについては以下を参照。ジョン・M・マグレガー編『ヘンリー・ダーガー　非現実の王国で』小出由紀子訳（作品社、二〇〇〇年）。小出『ヘンリー・ダーガー　非現実を生きる』（平凡社、二〇一三年）。ベンヤミンの弁証法的イメージについては多くの文献が存在するためここでは省略する。パラケルススの精霊論については以下の三篇の数ページがかろうじて参照できる。大橋博司「『妖精の書』」、『パラケルススの生涯と思想』（思索社、一九七六年〔一九八八年〕）一八〇—一八四頁。マンリー・P・ホール「四大元素とその住民」、『秘密の博物誌』大沼忠弘ほか訳（人文書院、一九八一年）二三五—二五六頁。クルト・ゴルトアンマー「中間存在者」、『パラケルスス』柴田健策ほか訳（みすず書房、一九八六年）五四—五七頁。ボッカッチョとニンファについては以下を参照。伊田久美子「Boccaccio における misoginia（女嫌い）の意味」、『イタリア学会誌』第四十二巻（イタリア学会、一九九二年）一七三—一九七頁。

このテクストはそのときにアガンベンがフランス語で発表した内容を録音から起こしたものである。そのため、これらについてはそれぞれフランス語版をそのまま底本としている。なお、後者には日本語訳がすでに存在するが、[7]本書収録にあたっては全面的に手を入れている。

題から明らかなとおり、この二篇は広い意味での映画論だが、いずれもスペクタクル批判として読める。「スペクタクル」と聞くと劇場芸術（演劇、舞踊、映画……）を思い浮かべるのが通例かもしれないが、ここでは、社会思想家であるドゥボールの書いた『スペクタクルの社会』（一九六七年）冒頭近くに見られる「人々のあいだの社会的関係が、諸イメージによって媒介されてしまっているもの」[8]という定義を念頭に置くのがよい。この二篇ではともに、「スペクタクル」と名指されたその体制をいわば働かなくさせる方法が、他ならぬ一つのスペクタクルである映画に備わっているはずのしかじかの可能性を探ることによって指し示されている。二篇めではまさに当のドゥボールによる実験的な映画制作が取りあげられている。[9]（なお、ドゥボールや映画についてアガンベンがほぼ同じ観点から書いた他のテクストがわずかながらある。[10]）

続く「身振りと舞踊」と「来たるべき身体　かつて一度も書かれたことのないものを読むこと」は舞踊論と見なせる二篇である。それぞれの初出は以下のとおりである。"Le geste et la danse," trans. Daniel Loayza *et al.*, *Revue d'esthétique*, no. 22（Paris: Jean-Michel Place, 1992), pp. 9–12 ; "Les corps à venir: Lire ce qui n'a jamais été écrit," *Les saisons de la danse*, no. 292, extra（"L'univers d'un artiste"), no. 5（"Hervé Diasnas"）（Paris: Dans' Press, May 1997), pp. 6–8. 知るかぎりでは、前者のイタリア語テクストは発表されていない。また、後者はフランス語で直接書かれたテクストとおぼしい。そのため、ここではこれらのフランス語版をやはり

底本としている。

先立つ二篇が単なる映画論でないのと同じように、この二篇も単なる舞踊論ではない。「身振りについての覚え書き」（一九九一年）という、部分的に「身振りと舞踊」と同一内容を含んでいるテクストがあるが、[11] これは先の映画論二篇にも通ずる内容となっている。その論考が、本書の映画論二篇と舞踊論二篇のあいだに挟みこまれた透明な数ページに印刷されていると想像すればわかりやすい。これらの舞踊論でキーワードとなっているのは「身振り」であるが、それが「スペクタクル」という体制を壊乱

---

7 「ギー・ドゥボールの映画」高桑訳、『総特集ゴダール』（河出書房新社、二〇〇二年）二一二—二一八頁。

8 Guy Debord, *La société du spectacle* (Paris: Buchet-Chastel, 1967 [Paris: Gallimard, 1992]), p. 4 (§ 4).〔『スペクタクルの社会』木下誠訳（筑摩書房、二〇〇三年）一五頁〕

9 二〇〇九年に山形国際ドキュメンタリー映画祭と東京日仏学院で、ドゥボールの遺した全六本のフィルムが上映されたことはあるが、現在、ＤＶＤ等で日本語版を入手することはできない。ただし、内容を以下のトランスクリプションから垣間見ることができる。ギー・ドゥボール『映画に反対して』上下巻、木下誠訳（現代思潮社、一九九九年）。

10 Agamben, "Glosse in margine ai *Commentari sulla società dello spettacolo*," in *Mezzi senza fine* (Torino: Bollati Boringhieri, 1996), pp. 60–73.〔「『スペクタクルの社会に関する注解』の余白に寄せる注釈」、『人権の彼方に』高桑訳（以文社、二〇〇〇年）七五—九三頁〕Agamben, "Violenza e speranza nell'ultimo spettacolo," in Agamben *et al.*, *I situazionisti* (Roma: Manifestolibri, 1991 [1997]), pp. 11–17 ; Agamben, "I sei minuti più belli della storia del cinema," in *Profanazioni* (Roma: Nottetempo, 2005), p. 107.〔「映画史上最も美しい六分間」、『瀆神』上村忠男ほか訳（月曜社、二〇〇五年）一三六—一三七頁〕

11 Agamben, "Note sul gesto," in *Mezzi senza fine*, pp. 45–53.〔「身振りについての覚え書き」、『人権の彼方に』五三—六六頁〕

すべく脱臼され、いわば生のままで提示されるという可能性が、やはりスペクタクルである舞踊においてまさに追求されている。

なお、二篇めで批評の対象となっているエルヴェ・ディアスナス（一九五七年―　）は、一九七〇年代後半から現在に至るまで活動しているフランスのいわゆるコンテンポラリー・ダンスの舞踊家である。言及されている『ドナバ、あるいは最初の沈黙』は『最初の沈黙』として一九八七年にブダペストで初演されたもので、現在も『沈黙の反映』として演じられている。『ナイ』は一九八一年にニュー・ヨークで、『夜明けの微笑』は一九九五年にストラスブールで初演されている。なお、一九九八年にはアガンベンの提案を承け、彼の短いテクスト「思考の終わり」[12]（一九八二年）を着想源とした同名の舞踊作品を、音楽家ステーファノ・スコダニッビオの協力を得て発表してもいる。[13]

第二部を締めくくる「哲学者とムーサ」は、より思弁的な芸術原論と言える。以下が初出である。“Le philosophe et la Muse,” trans. Jacques Rolland, *Archives de philosophie*, 57, no. 1 (Paris: Beauchesne, January–March 1994), pp. 87–89. イタリア語のテクストは知るかぎりでは存在しないため、やはりこのフランス語版を底本としている。[14]

ムーサ――霊感、着想が神格化されたもの――を芸術の起源の欠如を名指すものとして捉えたうえで、その欠如自体にまなざしを向けること（それはメタ言語活動ではなくメタ言語活動の欠如を指し示すことだとされる）によって芸術は哲学と結びつくと説いている。覚え書きふうに書かれているため叙述が省略的ないし暗示的に見えもするが、その内容は第一部の「ニンファ」と通底し、また第三部の個々の作家論を導くものにもなっているはずである。

第三部は個々の美術家ないし絵画作品を論じた、あるいはまたそこから出発してイメージに関するさまざまな思索をめぐらせた、相対的に言って短い論考を集めたものとなっている。これも点数が多いので、可能な範囲で数点ずつまとめて紹介する。

冒頭の「イメージの向こうの国」、「顔と沈黙」、「形象の不可能性と必然性」の三篇は現代画家ルッジェーロ・サヴィーニオの絵画を論じた、あるいは彼の絵画を出発点とした論考群である。それぞれの初出は以下のとおりである。"Il paese al di là delle immagini," in *Ruggero Savinio*（Roma: Galleria d'arte Il Gabbiano, 1980［1990］), no pagination ; "Il viso e il silenzio," in Ruggero Savinio, *Opere 1983*（Milano: Philippe Daverio, 1983), no pagination ; "Impossibilità e necessità della figura," in *De pictura*, no. 1（online journal, 2013), pp. 130–131. 〈http : //issuu.com/depictura/docs/depictura01〉これらをそのまま底本としている。最初の二篇は個展図録に付された論考で、最後の一篇は二〇一二年にローマの国立近代美術館で開かれた回顧展「形象の行程」に際して書かれたものである。なお、このテクストが発表された『デ・ピクトゥラ』は、後述するモニカ・フェッランドが手がけているオンライン雑誌である。

ルッジェーロ・サヴィーニオ（一九三四年―　）は、アルベルト・サヴィーニオ（一八九一―一九五

12 Agamben, "La fine del pensiero," in *Il linguaggio e la morte*（Torino: Einaudi, 1982［2008］), pp. 137–139.〔「思考の終焉」、『言葉と死』上村訳（筑摩書房、二〇〇九年）二四七―二五二頁〕

13 ディアスナスについては本人のサイトも参照できる。〈http : //www.diasnas.fr/〉

14 以下の同名のテクストには同一の内容も部分的に確認できるが、これは異本というよりも別テクストである。Agamben, "Le philosophe et la Muse," trans. Gérard Macé, *Le Nouveau Commerce*, no. 62/63（Paris: Nouveau Quartier Latin, autumn 1985), pp. 75–90.

二年）――一九一〇年代の形而上学的絵画で広く知られるジョルジョ・デ・キリコ（一八八八―一九七八年）の弟で、文筆家、画家、作曲家として活躍した――の息子にあたる画家である。知るかぎりでは日本語で紹介されたことはない。だが、アガンベンに「存命中の最高の画家たちのうちにたしかに含まれる一人の巨匠」と形容されているこの画家は一九八八年と九五年にヴェネツィア・ビエンナーレに出品しており、先述のとおり二〇一二年にはローマの国立近代美術館で回顧展が開かれている。主として油彩で、パステル画のような独特の表面の質感を作り、海岸や廃墟といった風景や室内、またそのなかにいる人物を、いわば当の絵画の向こう側に霞んでいるかのように描く作風が特徴である。[15]

アガンベンによる論考の一篇めは、画題としての風景が古代においては舞台背景として誕生したことを紹介し、そのことと悲劇の主人公が運命づけられている沈黙とのあいだに照応関係を見ている。それに対して近代の風景は心理から身を引き剝がすことで生まれると説き、崇高を追求するサヴィーニオの風景画に迫ろうとしている。二篇めでも、シモニデスの有名な言葉「絵画は沈黙している詩」を出発点として、「イメージにおける言語の沈黙」とは何かがあらためて考察されている。三篇めでは、形象が画布に定着されることのはらむ逆説――アガンベンは「自らの出現においてまるでそれ自体の色彩や物質によって侵蝕され翳られ抹消されているようなイメージという逆説」と説明している――が探られている。

続く「顔面の天使　ジャンニ・デッシの絵画のために」と「イメージの受苦　ジュゼッペ・ガッロの絵画のために」は、二人の画家のそれぞれの個展図録に付された論考である。それぞれの初出は以下のとおりである。“L’angelo della faccia: Per la pittura di Gianni Dessì,” in *Gianni Dessì* (Milano & New York: Galleria

Salvatore Ala, 1984), no pagination ; "La passione delle immagini: Per la pittura di Giuseppe Gallo," in *Giuseppe Gallo* (New York: Sperone Westwater, 1986), no pagination. これらを底本としている。

ジャンニ・デッシ（一九五五年― ）とジュゼッペ・ガッロ（一九五四年― ）は日本語でも散発的に紹介され、作品が展示されたこともある。[16] ミニマリズムやコンセプチュアル・アートの興隆の後、一九八〇年代になると「ニュー・ペインティング」ないし「新表現主義」と総称される具象・表現主義への回帰が世界的に見られたが、イタリアでも「トランサヴァングアールディア」と呼ばれる、同様の傾向をもつ運動が起こった。サンドロ・キア（一九四六年― ）、エンツォ・クッキ（一九四九年― ）、フランチェスコ・クレメンテ（一九五二年― ）らが代表者とされる。デッシとガッロは、その影響を受けつつ独自の展開を見せた「新ローマ派」という集団――他にブルーノ・チェッコベッリ（一九五二年― ）、ドメニコ・ビアンキ（一九五五年― ）らがいる――のなかに数えられる。[17]

デッシは一九八四年と八六年にヴェネツィア・ビエンナーレに出品しており、二〇〇六年にはローマの現代美術館で回顧展が開かれている。デッシの一九八〇年代の作品には、赤、白、黒などで塗りこめた背景をもつ大画面に少数の図形的モティーフ（四角や目の形など）が油彩やミクスト・メディアで、手技がはっきりわかる粗い様子で提示されているものが多い。そのモティーフは何かを意味しているようにも見えるが、特定の意味を明瞭に指し示しているとは読めず、見る者を戸惑わせる（その後、一九九〇年代からは白と黄色を基調とし、展示空間そのものを大きく用いた具象的な彫刻や抽象的な塗り分

15　多くの個展図録の他、以下が参照できる。*Ruggero Savinio: Opere su carta* (Bergamo: Moretti & Vitali, 2003).

けも多く制作しているが、一九八四年のアガンベンが参照していたのはそれ以前の作品群である）。なお、スコダニッビオ——ディアスナスをめぐってすでに名の挙がった音楽家——が制作した舞台作品『地上の天国』（二〇〇六年）にアガンベンとともに協力したこともある。[18]

ガッロもまた、一九八六年と九〇年にヴェネツィア・ビエンナーレに出品し、二〇〇七年にローマの現代美術館で回顧展が開かれている。オフ＝ホワイトや赤が基調であることが多く、大小さまざまな画面が均質ないし不均質に塗られ、そこに多少なりと写実的な具象的モティーフ——弦楽器、鍵、鈴、人物の立像のシルエットなど——がしばしば極端に小さく描きこまれる、というのが一九八〇年代の作品によく見られる特徴である。それらの小さな形象は文脈からのモティーフの分離（あるいはそもそもの文脈のなさ）を、また画面全体の余白ないし背景を意識させずにはおらず、そのことによってぼんやりとした謎が惹き起こされる。なお、その後は、写実的・具象的な諧謔的彫刻のインスタレイションや、落ち葉や紙のちぎりくずの形、アルファベットといったモティーフを細かく無数に画面上に散りばめる作品も制作している。[19]

さて、アガンベンによる二篇は互いに関連して書かれたものではないが、奇しくもそのいずれにおいても、イメージ（人間に対して見かけとして現れるもの）とは何かという根本的議論が初期キリスト教周辺の資料に拠りつつ展開されている。一篇めでは、『ナグ・ハマディ文書』に現れる「顔面」や「イメージ」といった表現の意味を再考することから出発して、イメージのもつ逆説的なありかたに迫っている。二篇めでは、初期キリスト教の異端による、「キリスト自身は十字架にかけられていない。受苦したのはキリストのイメージだけだ」という教説を頼りに、イメージの救済とは何かが探られている。

なるほど、この二篇は直接デッシやガッロの作品について書かれているというよりは、それらをきっか

16　デッシへの言及は、知るかぎりでは以下に見られる。前野寿邦「目立つイタリアと日本の展観」、『美術手帖』第四七八号（美術出版社、一九八一年三月）二六―二七頁。フラミニオ・グァルドーニ「イタリアにおける10年間」酒井うらら訳、『art vision』第二十一巻、第三号（ビジョン企画出版社、一九九三年）五―二四頁（ガッロへの言及もあり）。『art vision』第二十二巻、第一号（ビジョン企画出版社、一九九四年）五八頁（ガッロへの言及もあり）。奥野克仁ほか「1990年代の作家の横顔」、ふくやま美術館編『イタリア・謎と神話』（ふくやま美術館、一九九四年）三六頁。クラウディオ・チェッリテッリ「イタリア絵画の諸問題」諸川春樹訳、ふくやま美術館編『イタリア・謎と神話』六四頁（ガッロへの言及もあり）。チェッリテッリ「1990年代　絵画の神話から平面の新たな神秘へ」ミラン・トランスレーション・センターほか訳、『イタリア・謎と神話』一三五頁。ブルーノ・コラ「トリノ・ローマ・ミラノ　イタリア現代美術における三つの重要都市」加藤磨珠枝ほか訳、愛知県美術館ほか編『イタリア美術1945―1995　見えるものと見えないもの』（愛知県美術館ほか、一九九七年）一七頁。拝戸雅彦「80年代―90年代」、愛知県美術館ほか編『イタリア美術1945―1995　見えるものと見えないもの』九九頁。

　ガッロは、一九八七年に日本で個展が開かれている。Akira Ikeda Gallery 編『Giuseppe Gallo』（Akira Ikeda Gallery、一九八七年）。その他、知るかぎりでは、既述以外に以下に言及が見られる。ふくやま美術館編『イタリアン・ネオ・モダン』（ふくやま美術館、一九八九年）八二頁。ふくやま美術館編『20世紀の日本と西洋』（ふくやま美術館、二〇〇八年）七七、一一一頁。

　また、デッシとガッロを扱っている日本発の出版物として、以下を忘れることはできない。*ArT RANDOM*, 15（*Domenico Bianchi, Gianni Dessì, Giuseppe Gallo*）(Kyoto: Kyoto Shoin, 1989).

17　「新ローマ派」については以下のモノグラフがある。Roberto Gramiccia, *La Nuova Scuola Romana*（Roma: Editori Riuniti, 2005).

18　以下を参照。Gianni Dessì, *Un anno*（Pistoia: Gli Ori, 2009), pp. 106–151.

19　ガッロについては本人のサイトも参照できる。〈http://www.giuseppe-gallo.it/〉

けとして書かれている論考ではある。だがそれでもやはり、イメージ一般について、また絵画一般について考える機会をアガンベンに提供しえているのは、当時の彼らの作風に共通に見られる、いわば問いただされた具象、ないし謎のない謎とでも形容できる造形の特徴だと言えるだろう。

「童話と形象　ジョゼッタ・フィオローニの魔法童話のために」は、画家の一連の挿絵の仕事を取りあげた個展図録に寄せて書かれた論考である。初出は以下である。"Fiaba e figura: Per la fiaba di magia di Giosetta Fioroni," in Giosetta Fioroni, *Fiaba di magia: Opere 1962–1972*, ed. Laura Baccaglioni *et al.* (Mantova & Suzzara: Casa del Mantegna & Galleria Civica, November–December 1979), pp. 13–15. これを底本としている。

ジョゼッタ・フィオローニ（一九三二年―　）は、知るかぎりでは日本語できちんと紹介されたことはないが、[20]イタリアにおけるポップ・アートの立役者の一人として知られる。一九七〇年代にローマを中心に活躍した「ピアッツァ・デル・ポーポロ派」と呼ばれる一群の画家――他にマリオ・スキファーノ（一九三四―一九九八年）、ターノ・フェスタ（一九三八―一九八八年）、フランコ・アンジェリ（一九三五―一九八八年）らがいる――のなかに数えられる。[21]彼女は一九五六年から合計で四回、ヴェネツィア・ビエンナーレに出品している。二〇〇四年にはパルマにあるピロッタ宮で、また二〇一三年から翌年にかけてはローマの国立近代美術館でも回顧展が開かれている。代名詞的な作風を示しているのは、白地に無階調の単色の陰影だけで人物像や顔を写実的に描いてある初期の作品群――コントラストの強すぎるモノクロ写真をそのまま単色で写したような印象を与えるもの――だが、コラージュや記号（文字など）の書きこみを多用した多色の作品や、文章のあいだに絵文字がところどころに挟まっている作品も多い。後年には、彩色されたさまざまな陶製作品もある。

また、童話の挿絵の試みも多い。アガンベンの論考で検討されているのはそれである。かつての秘儀の核心は「言いえないもの」の経験（つまりは沈黙そのものを経験すること）だったと確認されたうえで、おとぎ話というのはその秘儀が失われてその代わりに魔法が置かれたものだと指摘される（そこでは、言葉をもたないものが逆に韻を踏んで語りはじめる）。おとぎ話における被造物たちは「言いえないもの」の「形象」（譬喩、予表）とされ、その形象をそのまま提示するのが挿絵——たとえば他ならぬフィオローニのそれ——だと述べられている。

続く「存在しないアトリエ」は画家の回顧展図録に寄せて書かれた論考である。以下が初出である。"Lo studio assente," in Marco Goldin, ed., *Maselli: Opere 1947–1997* (Venezia: Marsilio, 1997), pp. 9–11. これを底本としている。

論じられているティティーナ・マゼッリ（一九二四—二〇〇五年）も、やはり日本語でこそほとんど紹介されてこなかったものの、[22] 一九五〇年を皮切りに、先述の六四年を含め八四年まで五回もヴェネツィア・ビエンナーレに出品している著名な画家である。死後、間を置かず二〇〇六年にローマのアウデ

20 かろうじて以下に名が見える。高見堅志郎ほか監修『イタリアの叛乱』（フジタヴァンテ、一九九二年）二四頁。

21 「ピアッツァ・デル・ポーポロ派」については以下のモノグラフがある。Andrea Tugnoli, *La Scuola di piazza del Popolo* (Firenze: Maschietto, 2004).

22 知るかぎりでは、かろうじて以下の例外がある。「アパルトヘイト否（ノン）！　国際美術展」実行委員会編『アパルトヘイト否（ノン）！　国際美術展』髙橋武智ほか訳（現代企画室、一九八八年）一四頁。また、以下に名が（誤記されているものの）確認できる。高見ほか監修『イタリアの叛乱』二五頁。

ィトリウム・パルコ・デッラ・ムージカで回顧展が開かれている。先述のフィオローニに先行する世代に属し、イタリアにおけるポップ・アートの先駆者とも言われる。彼女の作品は、形象の捉えかたという点では写実的な表現を示していると言えるが、対象や背景の色相を大胆に変更し、極端にコントラストを強めた目の眩むような色合いで、サッカー選手の動きやそびえる高層ビルを折り重ねるように描く作風が特徴的である。

アガンベンの論考では画家のアトリエの表象が問題になっている。十六世紀に画題になってしばらくの間は、アトリエの表象は絵画制作の痕跡をとどめていなかったという。それが十九世紀以来、美術家の制作プロセスが作品自体より前面に出るようになると、アトリエは乱雑な状態で描かれるに至るとされる。ところが、マゼッリのアトリエは整頓されている。それは、彼女の作風それ自体がそのようなアトリエが担うべき制作プロセスを含みこんでそのまま提示しているからだ――つまり、彼女の独自の方法で描かれた作品は、ビルを描いていようがサッカー選手を描いていようが、現代画家のアトリエによって表象されるべきだったものをすでにあらわにしているからだ――、というのがこの論考によって提示されている回答である。

次いで読まれる「落ちる美」は、サイ・トゥオンブリの彫刻展図録に寄せられたごく短い論考である。初出は以下である。"Bellezza che cade," in Cy Twombly, *8 Sculptures* (Roma: American Academy, 1998), p. 5. これを底本としている。[23]

サイ・トゥオンブリ（一九二八―二〇一一年）は国際的に知られている画家だが、日本語でのまとまった言及は充分とは言えない。[24] アメリカ出身だが、活動開始からしばらくして拠点をローマに移し、そこで晩年まで制作した。ロバート・ラウシェンバーグ（一九二五—二〇〇八年）と交流のあったこともよく知られているトゥオンブリは、アメリカのネオ・ダダをイタリアに伝える役割を果たした（既述のフィオローニとも親しく、彼女らに与えることになった影響も無視できない）。単色（灰色やオフ＝ホワイト）に塗られた大画面に、たいていのばあいそれほど太くない線で、文言（しばしば古代ギリシア＝ローマに着想を得たとおぼしいもの）や図形が散発的に、落書きのように書きこまれるというのが代表的な作風である。色がそこかしこに叩きつけられて広く垂れ、画面全体に赤や黄色の染みが踊ってい

23 なお、題を同じくし、部分的に同一内容を含む以下の異本ないし別テクストが存在する。Agamben, "Fallende Schönheit," trans. Marianne Schneider, in *Cy Twombly in der Alten Pinakothek: Skulpturen 1992–2005* (München: Alte Pinakothek München, 2006), pp. 13–15.

24 以下を参照。建畠晢「トゥオンブリ、政治としての身体」、『アトリエ』第七百四十八号（婦人画報社、一九八九年）二〇—二八頁。林道郎『絵画は二度死ぬ、あるいは死なない』第一巻（『Cy Twombly』）（Art Trace、二〇〇三年）。酒井健「思考は軽さにおいて絵画に出会う」、『絵画と現代思想』（新書館、二〇〇三年）一五五—一八三頁。松浦寿夫「サイ・トゥオンブリー」、『美術手帖』第九五一号（美術出版社、二〇一一年五月）一〇四—一一一頁。また、フランスの思想家ロラン・バルトによる以下の論考に日本語訳が存在する。Roland Barthes, "Sagesse de l'art," in *Œuvres complètes*, 5, ed. Éric Marty (Paris: Seuil, 1995 [2002]), pp. 699–702〔「芸術の知恵」、『美術論集』沢崎浩平訳（みすず書房、一九八六年）一一一—一三五頁〕; Barthes, "Cy Twombly ou 'Non multa sed multum'," in *Œuvres complètes*, 5, pp. 703–720.〔「サイ・トゥオンブリ　または　量ヨリ質」、『美術論集』八三—一一〇頁〕トゥオンブリは個展も開かれたことがあり、日本語でも以下の図録が参照できる。西武百貨店編『サイ・トゥオンブリー』（西武百貨店、一九八九年）。また、以下でも数点の図版を参照できる。「サイ・トゥオンブリ　紙上の快楽」、『アトリエ』第七百四十八号、二—一九頁。「Cy Twombly」、『FOIL』第一巻（フォイル、二〇〇七年）四—二一頁。

る後年の連作もある。また、それらと並行して、(絵画作品と比べれば数は多くないが) さまざまな形の木片やがらくたを白く塗りこめたような彫刻群も知られている。[25]

アガンベンが論じているのはこの彫刻群についてである。この論考によれば、「落ちる美」——その先は崩れていくだけというような瞬間にある美——をいかにして捉えるかがしばしば問われてきたという。芸術それ自体をあらわにするその営為は、創造に一種の中断をもちこむことによってなされる——トゥオンブリの彫刻がおこなっていることこそ他ならぬこの脱創造である——というのがこの論考の主張である。

続く「ピエール・クロソウスキー」は、個展図録に寄せて書かれた、これもごく短い論考である。以下が初出である。"[no title]," in Paola Mieli, ed., *Pierre Klossowski* (Milano: Padiglione d'Arte Contemporanea, 1980), p. 1. これを底本としている。原題は存在しないため、本書で付してある題はあくまでも暫定的なものである。

ピエール・クロソウスキー(一九〇五—二〇〇一年)については、もはや多くを説明する必要もないだろう。フランスの思想家、小説家、翻訳家で、主要著作はすべて日本語訳されている。[26] 一九七〇年代から著述を放棄し、彼もまた弟——著名な画家バルテュス(一九〇八—二〇〇一年)——と同じく絵画制作に専念することになる。代表的な作風は、大画面に等身大の人物群像を描き出すというものである。色鉛筆が用いられ、ある時期までは、自作の小説群に登場するエロティックな挿話をそのままなぞるように描かれているものが少なくない。描かれている人物の多くは妻をはじめとする実在の人物がモデルとなっており、稚拙な見かけのなかにかろうじて保たれている写実性が、過度に様式化されたぎこちないポーズ——別のしかたで弟の作品にも確認される——とあいまって、薄々としたいかがわしさを喚起する。この画業は隠居文筆家の余技と見なされて終わってしまうことなく広く知られるようになり、死後の二〇〇六年から翌年にかけて、ロンドンのホワイトチャペル・ギャラリー、パリのポンピドゥー・センターなどを巡回する回顧展が開かれるに至っている。[27]（なお、生前のクロソウスキーとアガンベンの交友関係が、わずかにだがすでに公になっている。[28]）

アガンベンの論考では、クロソウスキーを模像（シミュラークル）の画家とのみ見なす通俗的解釈が退けられる。イメージとはむしろオリジナルとコピーのあいだにある不分明なものであって、そのことが示されるのがクロソウスキーの絵画だとされる。そして、そこで示される当の猥褻な快楽もまたそのような不分明さを証すものだと語られている。

続く二篇「ピエロ・グッチョーネの状況」と「ソニア・アルヴァレス、毛布とベッドカヴァー」では、「シクリ・グループ」と呼ばれる美術家集団に属する二人が取りあげられている。以下（前者は挿絵を付した本や舞台美術を収録した本など、出版物の形を取った画業をあらためて紹介した個展の図録、後者はフェッランドの手がける既出のオンライン雑誌）が初出である。"Situazione di Piero Guccione," in

25 回顧展はたびたび開かれているが、彫刻のみを取りあげた展覧会図録として以下がある。*Cy Twombly: Die Skulpturen* (Basel: Kunstmuseum Basel, 2000); *Cy Twombly in der Alten Pinakothek: Skulpturen 1992–2005.*

26 代表作を絞れば、以下の三点が挙げられる。Pierre Klossowski, *Sade mon prochain* (Paris: Seuil, 1947).〔『わが隣人サド』豊崎光一訳（晶文社、一九八九年）〕Klossowski, *Les lois de l'hospitalité* (Paris: Gallimard, 1965).〔『歓待の掟』若林真ほか訳（河出書房新社、一九八七年）〕Klossowski, *Nietzsche et le cercle vicieux* (Paris: Mercure de France, 1969).〔『ニーチェと悪循環』兼子正勝訳（筑摩書房、二〇〇四年）〕

Piero Guccione, *Libri illustrati*, ed. Pierpaolo Cimatti *et al.*（Milano: Skira, 2011), pp. 17–20 ; "Sonia Alvarez, coperta e copriletto," *De pictura*, no. 1, pp. 20–21. 〈http : //issuu.com/depictura/docs/depictura01〉 これらをそれぞれ底本としている。

「シクリ・グループ」は、シチリア島南部に位置するシクリ周辺で活動している美術家（大半は画家）の集まりだが、知るかぎりでは日本語で取りあげられたことはない。一九八〇年代初頭からしばしばグループ展を開くなどしている。全員の作風に共通するところはないが、都市を離れた広大な風景（当然、シクリ近郊が多い）を丁寧に、写実的に描く画家が比較的多い。[29]

シクリ生まれのピエロ・グッチョーネ（一九三五年—　）はグループの中心人物である。一九六六年を皮切りに、ヴェネツィア・ビエンナーレには二〇一一年まで合計で五回出品している。一九六〇年代なかばごろから、人物や風景をきわめて写実的に描く作風を確立する。初期作品には空港の待ち合いロビーや自動車のエンジン・フードなど都市生活に関わるものが描かれていることが多いが、拠点をシクリ近郊に移した一九七〇年代からは、一見すると平板な色面を提示しつつ、さざ波や航跡、潮目を油彩ないしパステルで丁寧に描きこんだ海の風景画の連作が代表作になっている。また、アガンベンも言及しているとおり、過去の名画の細部をパステルで描き取る連作や、舞台美術のための仕事などもある。[30]

ソニア・アルヴァレス（一九三二年—　）はマルセイユで、ギリシア人の両親から生まれている。各地を転々としたが、一九七〇年代後半にグッチョーネに出会い、伴侶となってシクリ近郊に移っている。作風は一貫しており、自宅とおぼしい室内の細部——ベッドカヴァー、枕、カーテン、椅子など——を、扉の隙間や薄いカーテンから洩れ入る光、あるいは夜のランプの光のもたらす繊細な効果に注意しながら、油彩ないしパステルで写実的に描き取った作品が大半である。[31]
アガンベンによる二篇は、この二人の画家の作風をそれぞれにあとづけようとするものである。グッ

27　日本語では、シブヤ西武シードホールで個展が開かれたため以下の図録が参照できる。シブヤ西武シードホールほか編『Hommage à Klossowski』（ペヨトル工房、一九八八年）。また、以下の画集も日本語訳で参照できる。Jacques Henric, ed., *Pierre Klossowski* (Paris: Adam Biro, 1989).〔『クロソフスキー画集』小倉正史訳（リブロポート、一九九一年）〕クロソウスキー自身によるイメージ論の多くは以下の一冊にまとめられている。Klossowski, *La ressemblance* (Marseille: André Dimanche, 1984).〔『ルサンブランス』清水正ほか訳（ペヨトル工房、一九九二年）〕さらに、とくに彼の絵画に焦点を合わせた二次文献として以下を参照できる（しばしば図版あり）。與謝野文子「二十三世紀の図像学者の日記より」、『みづゑ』（美術出版社、一九八四年）四五—四七頁。豊崎「シミュラクルとしての絵画」（一九八四年）、『文手箱』（書肆風の薔薇、一九八六年）四三—五七頁。伊藤俊治「聖なる欲動」（一九八八年）、『愛の意匠』（筑摩書房、一九九四年）一〇二—一二九頁。松浦寿輝「悲劇とパロディ」（一九八九年）、『謎・死・閾』（筑摩書房、一九九七年）一八四—一九一頁。丹生谷貴志「怪しい画家ピエール・クロソフスキー初紹介」、『芸術新潮』第四十巻、第一号（新潮社、一九八九年一月）八〇—八三頁。岡部あおみ「猥褻さへの誘惑」、『アート・シード』（リブロポート、一九九三年）一一六—一二六頁。兼子正勝「ピエール・クロソウスキー追悼」、『すばる』第二十三巻、第十号（集英社、二〇〇一年十月）一五四—一五七頁。大森晋輔「スペクタクル・模倣・ステレオタイプ」、『言語態』第五巻（言語態研究会、二〇〇四年）五一—六二頁。大森「ピエール・クロソウスキーにおけるタブローの概念」、『東京藝術大学音楽学部紀要』第三十六巻（東京藝術大学音楽学部、二〇一〇年）一—二〇頁。千葉文夫「ピエール・クロソフスキーあるいはシミュラクルの乱舞」、『ふらんす』第八十六巻、第八号（白水社、二〇一一年八月）一三—一五頁。その他、以下の訪問記も参照。南川三治郎「「このごろは少年ばかり描いている」ピエール・クロソウスキー」、『芸術新潮』第四十五巻、第七号（新潮社、一九九四年七月）一一四—一一七頁。

チョーネ論ではエピクロス派の詩人ルクレティウスの語る「扁薄さ」、ないしライプニッツの唱える「微小知覚」が紹介され、それがグッチョーネの画業のさまざまな局面において確認できると指摘される。アルヴァレス論では、（グッチョーネと同様の微細な描写によって描かれる）風景のような室内の描出がありのままなものの啓示として語られ、それが「取り返しがつかないもの」と名指されている。「黄金の枝」は、画家の個展に際して図録に掲載された論考である。以下が初出である。"Un ramo d'oro," in Monica Ferrando, *Un ramo d'oro* (Firenze: Galleria Falteri, 2009), pp. 1–3. これを底本としている。

モニカ・フェッランド（一九五八年―　）はジャンニ・ヴァッティモ（一九三六年―　）に師事した美学者であり、美学・美術史に関わるドイツ語からの訳業もある。[32] 早くから画業も手がけているが、日本語で紹介されたことはおそらくない。ルッジェーロ・サヴィーニオとの一九八〇年代なかばからの交流にも影響を受け、一九九〇年代以降の作品は、表面に独特の質感をもたせたパステルないし油彩の風景画、室内画、人物画が多くなっている（その他、墨や水彩を用いた作品も少なくない）。[33] ギリシア神話に登場する娘神コレーを題材とした連作は一九九一年から続くものだが、これは後にアガンベンのテクストを付してまとめられている。[34] また最近は、すでに幾度か登場している『デ・ピクトゥラ』というオンライン雑誌も編集している。

アガンベンによる論考では、十九世紀ドイツの画家ハンス・フォン・マレの語る「見かけ」に注意が喚起されたうえで、[35] 神話を題材とすることもあるフェッランドの作品は神話の見かけをこそ定着していると主張されている。神秘は神話のパロディであり、それゆえこの神話の見かけからは神秘が生ずるという指摘が、哲学者ジャンニ・カルキア（一九四七―二〇〇〇年）――生前はフェッランドの伴侶だった——の主張を引用することでなされている。

「栄光のイデア」も、画家の個展図録に掲載された論考である。以下が初出である。"Idea della gloria,"

---

28 クロソウスキーがベンヤミンについて述懐するという逸話が以下に確認できる。Agamben, "Bataille e Benjamin," *Lettera internazionale*, no. 11 (Roma: Ediesse, 1987), p. 18 ; Agamben, "Bataille e il paradosso della sovranità," in Jacqueline Risset, ed., *Georges Bataille* (Napoli: Liguori, 1987), p. 115 ; Agamben, *Homo sacer* (Torino: Einaudi, 1995), p. 125.〔『ホモ・サケル』高桑訳（以文社、二〇〇三年）一五九頁〕

29 「シクリ・グループ」については以下の回顧展図録を参照できる。*Il Gruppo di Scicli* (Milano: Silvana Editoriale, 2004); Lucio Barbera, ed., *Il Gruppo di Scicli* (Messina: Magika, 2010).

30 グッチョーネについては本人のサイトも参照できる。〈http://www.pieroguccione.it/〉

31 なお、アガンベンとの関わりで言えば、彼と写ったスナップ写真が知られている（一九八五年に開かれた個展の際に撮られたもの）。以下を参照。Marco Goldin, ed., *Alvarez: Opere 1976–1996* (Venezia: Marsilio, 1997), p. 111.

32 以下を参照。Rüdiger Bubner, *Esperienza estetica*, trans. Monica Ferrando (Torino: Rosenberg & Sellier, 1992); Hermann Usener, *I nomi degli dèi*, trans. Ferrando (Brescia: Morcelliana, 2008); Erwin Panofsky, *Ercole al bivio*, trans. Ferrando (Macerata: Quodlibet, 2010).

33 フェッランドの作品は以下でも参照できる。*Monica Ferrando* (Bergamo: Moretti & Vitali, 2000). また、本人のサイトも参照できる。〈http://www.monicaferrando.com/〉

34 Agamben & Ferrando, *La ragazza indicibile* (Milano: Mondadori Electa, 2010). この本にはフェッランドによるコレー連作、アガンベンによるコレー論の他、フェッランドによって整理されたコレー関連資料も収録されている。

35 マレの主張にはルッジェーロ・サヴィーニオも注目しているが、そもそも、マレのテクストのイタリア語訳をサヴィーニオに提供したのはフェッランドだという。以下を参照。Savinio, "Monica Ferrando," in Savinio, ed., *Amici pittori* (Bergamo: Lubrina Editrice, 2010), p. 61.

in *Dieter Kopp: Dipinti acquarelli disegni* (Roma: De Luca, 1985), pp. 5–7. これを底本としている。
ディーター・コップ（一九三九年―　）はドイツの画家だが、一九六〇年代から現在に至るまでローマを拠点にして制作を続けている。一九八九年からはローマの芸術家協会（アッカデーミア・ナツィオナーレ・ディ・サン・ルーカ）に加わっている（ちなみにサヴィーニオ、デッシ、トゥオンブリ、グッチョーネも会員である）。一九九三年にはヴェネツィア・ビエンナーレにも出品している。静物（しばしば植物の葉やタマネギ）、室内（しばしば裸婦をともなう）、風景（荒れ地、木立、水辺）といった主題を写実的に捉えるという、いわば古典的な作風だが、対象と観者のあいだに不透明な霞みがあるように描かれている作品が少なくない。

　アガンベンの論考自体にコップの作品への具体的な言及はないが、イメージのもつ「見かけ」と「栄光」の二重性を露呈する稀な絵画の例として、この画家が念頭に置かれているとおぼしい（なお、本書で図版に挙げている『中国の碗』はアガンベン所蔵の作品である）。この論考における議論は、ある意味では、アガンベンのイメージ論の全体をコンパクトにまとめたものとなっている。

　なお、この論考は間を置かずに小論集『散文のイデア』（一九八五年）に収められている[36]。じつのところ、このテクストを選ぶことは、単行本（イタリア語オリジナル）に収録されてこなかったイメージ論を一冊にまとめるという本書編纂の原則からは外れる。だが、原著者の強い意向があったため、本論考を本書にも収めることにした。

　第三部を、そして本書全体を締めくくる「絵画の寓意」は、文字どおり絵画それ自体について論じたテクストである。以下（既出のテクスト数本と同じく『デ・ピクトゥラ』）が初出である。“Allegoria della pittura," *De pictura*, no. 1, pp. 46–47. 〈http://issuu.com/depictura/docs/depictura01〉これを底本としている。『絵画の寓意』と呼ばれている、十七世紀に描かれたとおぼしい作品（作者は不詳）の解釈という形を取ったこの論考は、絵画が眠る女として寓意的に表象されていることの意味を、潜勢力を眠りに譬えるアリストテレスを援用しつつ提示し、真の絵画は絵画自体を宙吊りにしうるものであると指摘して終わっている。

36　Agamben, "Idea della gloria," in *Idea della prosa* (Milano: Feltrinelli, 1985 [Macerata: Quodlibet]), pp. 113–116.

★

本書はアガンベンによる代表的なイメージ論を選んで集めたものだが、すでにお読みいただいたところからもおわかりのとおり、アガンベンのイメージ論は本書だけで網羅されるものではない。彼の手になるその他のイメージ論を便宜上、年代順に確認していこう。

一九七〇年代に刊行された『中味のない人間』（一九七〇年）と『スタンツェ』（一九七七年）という二冊はそれぞれ、大部一巻の芸術論、イメージ論だと言える。[37] また、同時期に発表されている「アビ・ヴァールブルクと名のない学」（一九七五年）は、今日に至るまで彼のイメージ論の根幹をなしている構想を提示する論考となっている。[38] 彼の中心的な関心事はそもそものはじめからイメージだったのだとおのずと考えさせられる。

一九七〇年代末からは『インファンティアと歴史』(一九七八年)、『言語活動と死』(一九八二年)が刊行されている。[39] 一見するとアガンベンの関心は言語活動の何たるかを原理的に考察することへと移行したとも思えるが、もちろんイメージへの関心が失われたわけではない。アガンベンが言語とイメージをほぼ同一の観点から捉えているという根本的事実を引きあいに出すにもおよばない。相対的に後景に退いたように感じられるかもしれないイメージ論も、小論集『散文のイデア』(一九八五年)に寄せ集められているテクストのいくつか――具体的にはとくに「見かけのイデア」と「栄光のイデア」――では最前面で展開されている。[40] 同時期には「記憶の及ばないイメージ」(一九八六年)も発表されている。[41] また、一九七〇年代末には、エイナウディ社から出された大項目主義の『百科事典』のために、美学の一大概念「趣味」の項目も執筆されている。[42]

一九九〇年代に入ると政治的なものへの関心が際立つようになる。周知のとおり一九九五年からは「ホモ・サケル」シリーズの刊行も始まっている。ここでも、しばしばスペクタクル批判の相貌を示す政治思想は、政治を(きわめて広い意味での)イメージの体制と見なす構想によって下支えされている。そのことは、『ホモ・サケル』(一九九五年)の第二部第五章「主権的身体と聖なる身体」や、後年の『王国と栄光』(二〇〇七年)の第八章「栄光の考古学」といった、「ホモ・サケル」シリーズ中の著作に見られるイメージ論においてももちろん確認できるが、[43] それですべてではない。アガンベンの政治的転回とでも呼べるもののまさにマニフェストにあたる小論集『到来する共同体』(一九九〇年)に、すでに「ディム・ストッキング」というスペクタクル批判の論考が見られる。[44] さらに、論文集『人権の彼方に』（一九九六年）に収録されることになる「『スペクタクルの社会に関する註解』の余白に寄せる註釈」（一九九〇年）、「顔」（一九九〇年）、「身振りについての覚え書き」（一九九一年）ではいずれも、イメージ論が新たな政治思想の構想にとって不可欠だとする主張がさまざまに変奏されつつ展開されている。[45]「コメレル　身振りについて」（一九九一年）が発表されたのも同時期であり、これもまた同一の

---

37 Agamben, *L'uomo senza contenuto* (Milano: Rizzoli, 1970 [Macerata: Quodlibet, 1994])〔『中味のない人間』岡田ほか訳（人文書院、二〇〇二年）〕; Agamben, *Stanze* (Torino: Einaudi, 1977 [1993]).〔『スタンツェ』岡田訳（筑摩書房、二〇〇八年）〕

38 註3に記したとおり、その後『思考の潜勢力』に収められた。

39 Agamben, *Infanzia e storia* (Torino: Einaudi, 1978 [2001])〔『幼児期と歴史』上村訳（岩波書店、二〇〇七年）〕; Agamben, *Il linguaggio e la morte* (Torino: Einaudi, 1982 [2008]).〔『言葉と死』上村訳（筑摩書房、二〇〇九年）〕

40 前者は以下。Agamben, "Idea dell'apparenza, in *Idea della prosa*, pp. 111–112. 後者については註36を参照。

41 註3に記したとおり、その後『思考の潜勢力』に収められた。

42 Agamben, "Gusto," in Ruggiero Romano, ed., *Enciclopedia*, 6 (Torino: Einaudi, 1979), pp. 1019–1038.

43 Agamben, "Corpo sovrano e corpo sacro," in *Homo sacer*, pp. 102–115〔「主権的身体と聖なる身体」、『ホモ・サケル』一三一―一四七頁〕; Agamben, "Archeologia della gloria," in *Il Regno e la Gloria* (Vicenza: Neri Pozza, 2007 [Torino: Bollati Boringhieri, 2009]), pp. 219–284.〔「栄光の考古学」、『王国と栄光』高桑訳（青土社、二〇一〇年）三七〇―四七三頁〕

44 Agamben, "*Collants Dim*," in *La comunità che viene* (Torino, Giulio Einaudi, 1990 [Torino: Bollati Boringhieri, 2001]), pp. 41–44.〔「ディム・ストッキング」、『到来する共同体』上村訳（月曜社、二〇一二年）六二―六八頁〕

問題設定から書かれたことは明らかである。[46]

二十一世紀になってから発表されたいくつかの論考においても、（広義の政治との関わりにおいて）イメージの何たるかを追求するこの姿勢は継続されている。思い浮かぶのは論文集『瀆聖』（二〇〇五年）に収められた「審判の日」、「スペキエス的な存在」、「瀆聖礼讃」、「映画史上最も美しい六分間」のこと、また論文集『裸性』（二〇〇九年）に読める同名論文のことである。[47] また、アガンベン自身の探究の方法論があとづけられている『事物のしるし』（二〇〇八年）はまるごと一冊が、当の方法においてイメージの果たす決定的な役割に対して最終的な定式化と裁可を与えたものと言ってよい。[48]

そして最後に、このイメージ論の一覧を完全なものにしたければ『言いえない娘』（二〇一〇年）に触れないわけにはいかない。[49] フェッランドのコレー連作とのいわば合作という体裁になっているため本書への収録は見送らざるをえなかったが、この仕事が彼のイメージ論において無視しえない位置を占めていることに疑念の余地はない。本書に収めることのできた一九七九年の「童話と形象」で言及されている――そしてその三年後の『言語活動と死』でも重要な意味を担っている[50]――エレウシスの秘儀なるものが、三十年余りの時を隔ててあらためて全面的な検討に付されているのを見るとき、私たちはアガンベンがイメージの何たるかをたえず問うてきたということを、そして多様なアプローチにもかかわらず彼の思考の根ざすところが揺らぐことはなかったということを再確認する。

本書所収以外で書かれたアガンベンのイメージ論は以上でほぼ列挙し終えたと信ずる。だが、逆の動きが起こる――美術家その他が自らの活動にあたってアガンベンの著作から着想を得る――ということもある（そもそも、本書所収の論考で扱われている芸術家の幾人かにも相互作用が起こっているだろう。

すぐに思い浮かぶのはディアスナス、デッシ、フェッランドだが、その他の事例もあるかもしれない）。それらをアガンベンの作品と呼びうるのは強引な譬喩においてだけだとしても、そこにも多かれ少なかれ興味深い展開が見られるのはたしかである。以下に目についたもののみ順不同で羅列してみよう。

ロベルト・パーチ・ダロ（一九六二年― ）の率いる「ジャルディーニ・ペンシリ」という演劇集団はしばしばアガンベンの協力を仰いでいる。『無主地』（一九九二年）という、アガンベンやベンヤミンその他のテクストを用いた作品が制作されているし（これはラジオ・ドラマにもなっている）、『開かれ』（二〇〇二年）への註解という形を取った『アニマリエ』（二〇〇二年）も発表されている。[51]

---

45 「『スペクタクルの社会に関する註解』の余白に寄せる註釈」と「身振りについての覚え書き」についてはすでに註記した（註10、註11を参照）。「顔」は以下。Agamben, "Il volto," in *Mezzi senza fine*, pp. 74–80.〔「顔」、『人権の彼方に』九五―一〇五頁〕

46 その後、以下のとおり『思考の潜勢力』に収められた。Agamben, "Kommerell, o del gesto," in *La potenza del pensiero*, pp. 237–249.〔「コメレル　身振りについて」、『思考の潜勢力』二九二―三〇五頁〕

47 「映画史上最も美しい六分間」についてはすでに註記した（註10を参照）。その他は以下。Agamben, "Il Giorno del Giudizio," "L'essere speciale" & "Elogio della profanazione," in *Profanazioni*, pp. 25–30, 59–65, 83–106.〔「審判の日」、「スペキエース的な存在」、「瀆神礼讃」、『瀆神』三一―三八頁、七六―八四頁、一〇五―一三五頁〕

48 Agamben, "Nudità," in *Nudità* (Roma: Nottetempo, 2009), pp. 83–128.〔「裸性」、『裸性』岡田ほか訳（平凡社、二〇一二年）九五―一四四頁〕

49 註34を参照。

50 以下を参照。Agamben, "Seconda giornata," in *Il linguaggio e la morte*, pp. 13–23.〔「第二日目」、『言葉と死』二七―四七頁〕

フルヴィア・カルネヴァーレ（一九七五年―　）がジェイムズ・ソーンヒル（一九六七年―　）との共同名義として二〇〇四年から用いている架空の「レディ・メイド美術家」クレール・フォンテーヌ――二人はその「助手」という設定である――の作品にも、ネオン管で「至るところに外国人が」と（アラビア語、イタリア語、中国語などで）綴られた同名の連作（二〇〇五年―　）、「剝き出しの生」と壁にステンシルで大書する同名の作品（二〇〇五年）、ジェアン・シャルリス・ジ・メネジス（二〇〇五年七月にロンドンでテロリストと誤認されて射殺されたブラジル人）を追悼する『例外状態についての覚え書き』（二〇〇五年）、『瀆聖』所収の「助手たち」を読みあげる人物を撮影した同名のヴィデオ作品（二〇一一年）など、アガンベンに直接関わる作品が少なくない。[52]

映像作家オレグ・チェルニー（一九七一年―　）もアガンベンとの関わりのなかで幾度か作品を制作している。エルヴィン・ミヒェルベアガー（一九五〇年―　）と共同で監督した『それでも』（二〇〇六年）はトゥーレット症候群の患者たちが集まって語りあうドキュメンタリーであり、これは明らかに「身振りについての覚え書き」から着想を得ている。その後も、ヴェネツィアの運河を背景にして室内に立つアガンベンを撮った映像（もともとほぼ不動のポーズを取っている映像が時として速度を極度に遅らされ、ほとんど静止するに至る）に「映画史上最も美しい六分間」全文を読みあげる彼自身の声が重なる『上映が始まった』（二〇〇六年）、進む客船から撮られたヴェネツィアの右から左へと流れる遠景（しだいに前後のコマが混ざり、画面は無数のぼやけた水平線で覆われる）にアガンベンの声（地動説を船旅の譬喩で説明するガリレオ・ガリレイの『天文対話』の一節を読みあげている）が重なる『全線』（二〇一〇年）、とある夜にアガンベンと友人たちが音程の何たるかについて議論する様子が撮影された『存在しない野蛮人（別題：ユニゾン）』（二〇一二年）――後にこの二作は他のいくつかの短篇とともに『キノ・ブレイス（別題：ぼやけの語源）』（二〇一三年）に統合される――が作られている。[53]

写真家アルミン・リンケ（一九六六―　）は、権力の座となっている在ローマの公的施設（大統領公邸、両議院、内閣府、サン・ピエトロ大聖堂など）の内部を撮影した写真集『国家の身体』（二〇一〇年）を刊行したが、[54]その各所には『王国と栄光』からの抜粋が挟みこまれ、現代における権力の儀礼的栄化についておのずと考えさせられるようになっている。

ドイツのカッセルでほぼ五年ごとに開かれている大型展覧会「ドクメンタ」にもアガンベンとの関わりが見られる。第十回（一九九七年）の準備的な刊行物に本書所収の「ギー・ドゥボールの映画」の英語訳・ドイツ語訳が収められたのがおそらく関係の最初だが、[55]次いで第十一回のディレクターであるオ

51　パーチ・ダロ（および「ジャルディーニ・ペンシリ」）については本人のサイトが参照できる。〈http://www.giardini.sm〉

52　クレール・フォンテーヌについては以下の個展図録を参照。Claire Fontaine, *Economies* (North Miami: Museum of Contemporary Art, 2010); Claire Fontaine, *Foreigners Everywhere* (Köln: Walther König, 2012).「本人」の手になる以下の小論集も参照。Claire Fontaine, *The Human Strike Has Already Begun* (Lüneburg: PML Books, 2013).「本人」のサイトもある。〈http://www.clairefontaine.ws/〉以下の二次文献も参照。Tom McDonough, "Unrepresentable Enemies," in *Afterall*, no. 28 (Chicago: University of Chicago Press, autumn/winter 2011), pp. 42–55.

53　チェルニーについては作家本人が直接観せてくれた作品群を参考にした。ミヒェルベアガーには本人のサイトがある。〈http://www.michelberger-film.de/〉

54　Armin Linke, *Il corpo dello Stato* (Zürich: JRP|Ringier, 2010).

クウィ・エンヴェゾー（一九六三年— ）は、展覧会に生政治的問題設定を導入するにあたってアガンベンを明示的に参照した。[56]さらに、第十二回（二〇〇七年）のディレクターであるロジャー・M・ビュルゲル（一九六二年— ）は、「剝き出しの生とは何か?」——明らかに『ホモ・サケル』によって光を当てられた問題設定——を三つの主要テーマの一つとした。[57]

ポーランドのポズナンに本拠地のある「シグヌム財団」がヴェネツィアに保有している「パラッツォ・ドナ」で開催している展覧会にもアガンベンはたびたび関わっている。二〇〇九年の展覧会「目醒めて夢見よ」の図録に「イメージ、夢、目覚め」が発表されている他、二〇一一年の展覧会「個別」の図録には『裸性』所収の「しないでいられることについて」が転載されている。[58]

狭義の芸術生産だけでなく、このような展覧会企画や批評の領域にまで範囲を拡げ、また直接的影響だけでなく間接的影響も考慮に入れるならば、アガンベンの思想から着想を得ただろう営みの一覧は一挙に膨れあがる。そのような広義の芸術生産に多かれ少なかれ影響を与えているだろうキーワードの冗長な一覧をあらためて記せば、無為、バートルビー、生政治、剝き出しの生、例外状態、ムーゼルマン、インファンティア、幼形成熟（ネオテニー）、潜勢力（そして非の潜勢力）、透明なもの（ディアパネース）、句跨り（アンジャンブマン）、句切り（カエスラ）、スペクタクル、身振り、ニンファなどとなる。もちろんこれらはアガンベン一人の占有する概念ではなく、たとえば「無為」にはジャン＝リュック・ナンシー（一九四〇年— ）ら、「生政治」にはミシェル・フーコー（一九二六—一九八四年）らといった他の人物の名も連署されているし——その他の概念についても事情は同じである——、今では多くの思想家がとくに出所にこだわらずこれらを用いるようになってもいるが、とはいえこれらにアガンベンの思考の痕跡が強く感じ取られるということも依然として事実

それら多くの営みのなかから影響関係の明らかなものを他にわずかに挙げるとすれば、シチュアシオ

である。[59]

55　Agamben, "Repetition and Stoppage," trans. Brian Holmes, in Documenta GmbH, ed., *Documenta: Documents 2* (Ostfildern-Ruit: Cantz, 1996), pp. 68–72 ("Wiederholung und Stillstellung," trans. Jürgen Blasius, pp. 72–75).

56　以下を参照。Okwui Enwezor, "The Black Box," in Enwezor, ed., *Documenta 11, Platform 5: Exhibition* (Ostfildern-Ruit: Hatje Cantz, 2002), pp. 42–55. 以下も参照。Boris Groys, "Art in the Age of Biopolitics," trans. Steven Lindberg, in Enwezor, ed., *Documenta 11, Platform 5: Exhibition*, pp. 108–114.〔「生政治(バイオポリティクス)時代の芸術」三本松倫代訳、『表象』第五号(表象文化論学会、二〇一一年)一一四—一二四頁〕Milena Tomic, "Reframing the Invisible," *Topia*, no. 22 (Toronto: York University, autumn 2009), pp. 159–178.

57　以下を参照。〈http://www.documenta12.de/leitmotive.html〉以下も参照。Georg Schöllhammer, "Editorial," in Schöllhammer, ed., *Documenta Magazine*, no. 2 ("Life !") (Köln: Taschen, 2007), pp. 3–4 ; Klaus Ronneberger, "Bloßes Leben oder gerechtes Dasein," in Schöllhammer, ed., *Documenta Magazine*, no. 2, pp. 39–50 ; Anthony Spira, "Infancy, History and Rehabilitation at documenta 12," *Journal of Visual Culture*, 7, no. 2 (London: Sage, August 2008), pp. 228–239 ; Tomic, "Reframing the Invisible" ; 山本順子「複製技術時代におけるテロの表象」、『愛知県立大学外国語学部紀要(言語・文学編)』第四十一巻(愛知県立大学、二〇〇九年)二三七—二五四頁。

58　Agamben, "Immagine sogno risveglio," in Grzegorz Musiał *et al.*, ed., *Awake and Dream* (Venezia: Signum Foundation Palazzo Donà Venezia, 2009), pp. 5–7 ; Agamben, "Su ciò che possiamo non fare," in Andrzej Turowski *et al.*, ed., *Particolare* (Venezia: Marsilio, 2011), pp. 10–11.

59　アガンベンの少なからぬ著作を日本語に翻訳している岡田温司も、美術史(ないし図像誌)に属する自分の著作においてアガンベンが着想元の一つとなっていることをしばしば明らかにしている。とくに以下を参照。岡田『芸術と生政治』(平凡社、二〇〇六年)。岡田『半透明の美学』(岩波書店、二〇一〇年)。岡田『デスマスク』(岩波書店、二〇一一年)。岡田『黙示録』(岩波書店、二〇一四年)。

ニスト以降のアナキズム的・自律主義的主張を展開する思想闘争誌とでも形容できる『ティックン』（一九九九—二〇〇一年）、および「不可視委員会」の手になる『到来する蜂起』（二〇〇七年）が筆頭に来るだろう。これらの刊行物を世に出したグループはアガンベンに直接的な支持を受けつつ、芸術的着想に充ちたさまざまな活動を展開していた。[60]

田中純（一九六〇年— ）の企ても記しておいてよい。ヴァールブルク研究者である田中は二〇一二年に「ムネーモシュネー」（晩年のヴァールブルクが制作した図像パネル集）をめぐる小展示を企画した。そこでは新作パネルを制作するという試みがなされたが、実際に作られたパネルは本書所収の「ニンファ」第4節を典拠の一つとし、ダーガーの遺した少女たちの図像を取りこむものとなった。[61]

最後にもう一人、ジョルジュ・ディディ=ユベルマン（一九五三年— ）を挙げてもよいだろう。美術史家・思想史家として日本語でもすでによく知られている彼の探究の中心にはしばしばヴァールブルクの思想が据えられている。[62] この彼のヴァールブルクへの関心はまず間違いなくアガンベンとの出会いによって強化されたもの——それによってもたらされたものとまでは言わずとも——だが、[63] その関心は後に『ニンファ・モデルナ』（二〇〇二年）——路上のぼろ布の図像学——という、芸術的とさえ形容できる突飛な論考を生むに至った。[64]

★

60 『ティックン』は以下の二号のみが刊行された。*Tiqqun*, no. 1 (n. d.: n. d., 1999); *Tiqqun*, no. 2 (Paris: Belles Lettres, 2001). 日本語では以下が読める。Tiqqun, "Introduction à la guerre civile," *Tiqqun*, no. 2, pp. 32–37 (§67–85). 〔「内戦の論理」訳者不明、『HAPAX』第二号（夜光社、二〇一四年）一二八—一三三頁〕Tiqqun, "Une métaphysique critique pourrait naître comme science des dispositifs...," *Tiqqun*, no. 2, pp. 130–159. 〔「批判形而上学は装置論として誕生するだろう…」『来たるべき蜂起』翻訳委員会訳、『来たるべき蜂起』翻訳委員会編『反-装置論』（以文社、二〇一二年）六一—一三七頁〕Tiqqun, "Ceci n'est pas un programme," *Tiqqun*, no. 2, pp. 236–271. 〔「すべてはご破算、コミュニズム万歳」（翻訳ではなく省略的翻案）翻案者不明、『HAPAX』第一号（夜光社、二〇一三年）一一〇—一二〇頁〕Tiqqun, "Comment faire ?" *Tiqqun*, no. 2, pp. 278–287. 〔「どうしたらいいか?」訳者不明、『VOL』第四号（以文社、二〇一〇年）二四二—二六二頁〕

「不可視委員会」の著作は以下。Comité invisible, *L'insurrection qui vient* (Paris: La Fabrique, 2007). 〔『来たるべき蜂起』『来たるべき蜂起』翻訳委員会訳（彩流社、二〇一〇年）〕

なお、『ティックン』編集委員会の構成員の一人であるジュリアン・クーパ——「不可視委員会」メンバーとも取り沙汰された——が二〇〇八年十一月にテロ首謀者として逮捕された、いわゆる「タルナック事件」についてアガンベンは以下を書いている。Agamben, "Terrorisme ou tragi-comédie," trans. Martin Rueff, *Libération*, no. 8566 (Paris: Libération, November 19, 2008), p. 36. 〔「テロリズムあるいは悲喜劇」『来たるべき蜂起』翻訳委員会訳、『来たるべき蜂起』一五七—一六〇頁〕

また、これも逸話以上の意味をもつ事実なので記しておくが、クレール・フォンテーヌの「助手」の一人にあたるカルネヴァーレも『ティックン』編集委員会の構成員の一人だった（クーパ、カルネヴァーレの名はいずれも『ティックン』第一号の奥付に確認できる）。

61 以下を参照。〈http://before-and-afterimages.jp/news2009/2013/12/post-197.html〉

62 とくに以下を参照。Georges Didi-Huberman, *Devant le temps* (Paris: Minuit, 2000). 〔『時間の前で』小野康男ほか訳（法政大学出版局、二〇一二年）〕Didi-Huberman, *L'image survivante* (Paris: Minuit, 2002). 〔『残存するイメージ』武内孝宏ほか訳（人文書院、二〇〇五年）〕

この解説論文も長くなってしまった。本書の体裁に関することをいくつか記して締めくくりたい。

本書はイメージ論集であることから、実際の絵画作品をはじめとする図像への言及がおのずと多くなっている。そこで、本文の意味を追うために必要かつ適切と思われる範囲でそのつど図版を挿入しているが、図版選択は各テクストのオリジナルにしたがってではなく（そもそもオリジナルに図版が付されていないばあいもある）、編訳者の判断でおこなったうえ、原著者の承認を得ている。また、図版はあくまでもテクストの理解に資する最低限のものに限って選んでいる。とくに、第三部に集められた美術家論の数々――展覧会図録に寄せて書かれたものも多い――に対しては、本書ではいわば言いわけ程度の図版しか付しておらず、質（とくに図版の大きさ）・量ともに充分に満足できるものではないかもしれない。本書は画集ではないのでしかたのないところだが、ともあれご寛恕を乞いたい（すでに挙げた各種情報からたどれる画集やインターネット上の各種画像などで不足を補っていただければ幸いである）。とはいえ、正直に申せば、これだけの図版を――しかもその多くをカラー口絵で――提供しえたことに、企画を立てた者としてまずまずの達成感を覚えてはいる。

本註についても一言だけ書いておく。原註はもちろん訳出しているが、もともとそれほど多くない。本書ではそれ以外に訳註をかなり多めに付している。お読みいただくにあたって必要な情報（言語に関することや、わかりにくい文脈やほのめかしなど）はもちろんのこと、引用・参照されている文献に関する情報も可能なかぎり提供している。

さらに、これは蛇足かもしれないが、特定の論点が登場するごとに原著者の他テクストとの関連も示した。アガンベンは、時間やテーマをまたいで同一の論点を繰り返し検討することを特徴とする思想家である。あちらではほのめかされるにとどまっていた事柄がこちらで深く考察され、かと思えばそれがまたあちらで不意に援用される。その結果はご覧のとおり、多彩にして豪奢な刺繍絵巻といったところだが、華麗な絵柄の施された布地をめくると、その裏ではさまざまな色の糸が左から右へ、上から下へと忙しげに飛び交っている。刺繍を裏返すことなど悪趣味だとお考えのかたも多いだろうが、読者のなかに少なからずいらっしゃるはずの研究志向の人々（研究者、大学院生、大学生など）の役に立つことがあるかもしれないと想像して、今回はこの冗長な註を残しておく身勝手を許していただくことにした。というわけで、いささか多めに付された訳註に関しては、それぞれの読解のおもむきに応じて参照したり看過したりしていただければ幸いである。

本書の各テクストをお読みいただくにあたっては充分な情報がすでに提示されたものと思う。あとは自由な読解が残されているだけである。じつを言えば、アガンベンのイメージ論は個別の研究対象となって久しい[65]。それらの研究とともにであれ、まったく独自にであれ、本書をお望みの使用へと解き放っていただければ、編訳者としてはこれに優る幸せはない。

63　以下を参照。橋本一径（インタヴュー）「ジョルジュ・ディディ゠ユベルマンに聞く」、『photographers' gallery press』第十号（photographers' gallery、二〇一一年）四三―四四頁。

64　Didi-Huberman, *Ninfa moderna* (Paris: Gallimard, 2002).〔『ニンファ・モデルナ』森元庸介訳（平凡社、二〇一三年）〕

65　アガンベンの芸術論、イメージ論が明示的に扱われている二次文献のうち、目についたもののみ以下に列挙する。Cesare Casarino, “Pornocairology,” in *Paragraph*, 25, no. 2（Edinburgh: Edinburgh University Press, July 2002）, pp. 116–126 ; Benjamin Noys, “Gestural Cinema ?,” *Film-Philosophy*, 8, no. 22（online journal, July 2004）. 〈http : //www.film-philosophy.com/vol8-2004/n22noys〉 Claire Colebrook, “Agamben: Aesthetics, Potentiality, and Life,” *The South Atlantic Quarterly*, 107, no. 1（special issue: “The Agamben Effect,” ed. Alison Ross）（Durham: Duke University Press, 2007）, pp. 107–120 ; Alex Murray, “Beyond Spectacle and the Image,” in Justin Clemens *et al.*, ed., *The Work of Giorgio Agamben*（Edinburgh: Edinburgh University Press, 2008）, pp. 164–180 ; Deborah Levitt, “Notes on Media and Biopolitics,” in Clemens, ed., *The Work of Giorgio Agamben*, pp. 193–211 ; Noys, “Separacija in reverzibilnost,” trans. Rok Benčin, *Filozofski Vestnik*, 30, no. 1（Ljubljana: Filozofski Inštitut ZRC SAZU, 2009）, pp. 143–159 ; Christian McCrea, “Giorgio Agamben,” in Felicity Colman, ed., *Film, Theory and Philosophy: The Key Thinkers*（Durham: Acumen, 2009）, pp. 349–357 ; Murray, “The Homeland of Gesture,” in *Giorgio Agamben*（London & New York: Routledge, 2010）, pp. 78–94.〔「身振りの故郷」、『ジョルジョ・アガンベン』高桑訳（青土社、二〇一四年）一四七―一七七頁〕Murray *et al.*, ed., *The Agamben Dictionary*（Edinburgh: Edinburgh University Press, 2011）［Jason Maxwell, “Aesthetics,” pp. 21–22 ; Colebrook, “Art,” pp. 28–29 ; Clemens, “Fetish,” pp. 70–71 ; Thanos Zartaloudis, “Genius,” pp. 76–79 ; Levitt, “Gesture,” pp. 79–82 ; Paolo Bartoloni, “Halos,” pp. 86–87 ; Connal Parsley, “Image,” pp. 100–101 ; Levitt, “Spectacle,” pp. 182–184］; Roberto Talamo, “Nel mezzo della voce,” in Lucia Dell’Aia, ed., *Studi su Agamben*（Milano: Ledizioni, 2012）, pp. 9–23 ; Parsley, “‘A Particular Fetishism’,” in Tom Frost, ed., *Giorgio Agamben*（London & New York: Routledge, 2013）, pp. 31–53 ; Henrik Gustafsson *et al.*, ed., *Cinema and Agamben*（New York & London: Bloomsbury, 2014）.

ニンファ　その他のイメージ論

2015年2月25日　初版第1刷発行

著　者―――――ジョルジョ・アガンベン
編訳者―――――高桑和巳
発行者―――――坂上 弘
発行所―――――慶應義塾大学出版会株式会社
〒108-8346　東京都港区三田2-19-30
TEL〔編集部〕03-3451-0931
〔営業部〕03-3451-3584〈ご注文〉
〔　〃　〕03-3451-6926
FAX〔営業部〕03-3451-3122
振替　00190-8-155497
http://www.keio-up.co.jp/
装　丁―――――鈴木 衛〔東京図鑑〕
印刷・製本―――株式会社理想社
カバー印刷―――株式会社太平印刷社

Printed in Japan　ISBN 978-4-7664-2142-2

著者・編訳者略歴

[著者]

ジョルジョ・アガンベン（Giorgio AGAMBEN）

1942年生まれ。マチェラータ大学、ヴェローナ大学、ヴェネツィア建築大学で美学・哲学を講じた。2009年に退官した後も研究を精力的に続けている。著作に以下がある。1970年『中味のない人間』岡田温司ほか訳（人文書院、2002年）、1977年『スタンツェ』岡田ほか訳（筑摩書房、2008年）、1978年『幼児期と歴史』上村忠男訳（岩波書店、2007年）、1982年『言葉と死』上村訳（筑摩書房、2009年）、1985年『散文のイデア』（未訳）、1990年『到来する共同体』上村訳（月曜社、2012年）、1993年『バートルビー』高桑和巳訳（月曜社、2005年）、1995年『ホモ・サケル』高桑訳（以文社、2003年）、1996年『人権の彼方に』高桑訳（以文社、2000年）、1996年『イタリア的カテゴリー』岡田監訳（みすず書房、2010年）、1998年『アウシュヴィッツの残りのもの』上村ほか訳（月曜社、2001年）、2000年『残りの時』上村訳（岩波書店、2005年）、2002年『開かれ』岡田ほか訳（平凡社、2011年）、2003年『例外状態』上村ほか訳（未來社、2007年）、2005年『思考の潜勢力』高桑訳（月曜社、2009年）、2005年『瀆神』上村ほか訳（月曜社、2005年）、2007年『王国と栄光』高桑訳（青土社、2010年）、2008年『事物のしるし』岡田ほか訳（筑摩書房、2011年）、2008年『言語活動の秘蹟』（未訳）、2009年『裸性』岡田ほか訳（平凡社、2012年）、2010年『言いえない娘』（未訳）、2011年『いと高き貧しさ』太田綾子ほか訳（みすず書房、2014年）、2012年『神の業（オプス・デイ）』（未訳）、2014年『火と物語』（未訳）、2014年『身体の使用』（未訳）。

[編訳者]

高桑和巳（たかくわ・かずみ）

1972年生まれ。慶應義塾大学理工学部准教授。アガンベンの翻訳については上記著者略歴を参照。その他の翻訳に、カトリーヌ・マラブー編『デリダと肯定の思考』（共監訳、未來社、2001年）、ミシェル・フーコー『安全・領土・人口』（筑摩書房、2007年）、イヴ＝アラン・ボワ＆ロザリンド・クラウス『アンフォルム』（共訳、月曜社、2011年）、アレックス・マリー『ジョルジョ・アガンベン』（青土社、2014年）がある。編著に『フーコーの後で』（共編著、慶應義塾大学出版会、2007年）がある。

人名索引

（本文および原註にかぎっている）

サ行

タ行

ナ行

ハ行

底本リスト

Ninfe (Torino: Bollati Boringhieri, 2007).

"Pour une éthique du cinéma," trans. Daniel Loayza, *Trafic*, no. 3 (Paris: POL, 1992), pp. 49–52.

"Le cinéma de Guy Debord," in *Image et mémoire* (Paris: Hoëbeke, 1998), pp. 65–76.

"Le geste et la danse," trans. Daniel Loayza *et al., Revue d'esthétique*, no. 22 (Paris: Jean-Michel Place, 1992), pp. 9–12.

"Les corps à venir: Lire ce qui n'a jamais été écrit," *Les saisons de la danse*, no. 292, extra ("L'univers d'un artiste"), no. 5 ("Hervé Diasnas") (Paris: Dans' Press, May 1997), pp. 6–8.

"Le philosophe et la Muse," trans. Jacques Rolland, *Archives de philosophie*, 57, no. 1 (Paris: Beauchesne, January–March 1994), pp. 87–89.

"Il paese al di là delle immagini," in *Ruggero Savinio* (Roma: Galleria d'arte Il Gabbiano, 1980), no pagination.

"Il viso e il silenzio," in Ruggero Savinio, *Opere 1983* (Milano: Philippe Daverio, 1983), no pagination.

"Impossibilità e necessità della figura," *De pictura*, no. 1 (online journal, 2013), pp. 130–131. 〈http://issuu.com/depictura/docs/depictura01〉

"L'angelo della faccia: Per la pittura di Gianni Dessì," in *Gianni Dessì* (Milano & New York: Galleria Salvatore Ala, 1984), no pagination.

"La passione delle immagini: Per la pittura di Giuseppe Gallo," in *Giuseppe Gallo* (New York: Sperone Westwater, 1986), no pagination.

"Fiaba e figura: Per la fiaba di magia di Giosetta Fioroni," in Giosetta Fioroni, *Fiaba di magia: Opere 1962–1972*, ed. Laura Baccaglioni *et al.* (Mantova & Suzzara: Casa del Mantegna & Galleria Civica, November–December 1979), pp. 13–15.

"Lo studio assente," in Marco Goldin, ed., *Maselli: Opere 1947–1997* (Venezia: Marsilio, 1997), no pagination.

"Bellezza che cade," in Cy Twombly, *8 Sculptures* (Roma: American Academy, 1998), p. 5.

"[no title]," in Paola Mieli, ed., *Pierre Klossowski* (Milano: Padiglione d'Arte Contemporanea, 1980), p. 1.

"Situazione di Piero Guccione," in Piero Guccione, *Libri illustrati*, ed. Pierpaolo Cimatti *et al.* (Milano: Skira, 2011), pp. 17–20.

"Sonia Alvarez, coperta e copriletto," *De pictura*, no. 1 (online journal, 2013), pp. 20–21. 〈http://issuu.com/depictura/docs/depictura01〉

"Un ramo d'oro," in Monica Ferrando, *Un ramo d'oro* (Firenze: Galleria Falteri, 2009), pp. 1–3.

"Idea della gloria," in *Dieter Kopp: Dipinti acquarelli disegni* (Roma: De Luca, 1985), pp. 5–7.

"Allegoria della pittura," *De pictura*, no. 1 (online journal, 2013), pp. 46–47. 〈http://issuu.com/depictura/docs/depictura01〉

図版リスト

1.
Bill Viola, *The Greeting*, 1995. ヴィデオ（カット）。作者許諾（以下は指定表記）。
BILL VIOLA / *The Greeting*, 1995 / Video/sound installation / 430 × 660 × 780cm / Color video projection on large vertical screen mounted on wall in darkened space; amplified stereo sound / Performers: Angela Black, Suzanne Peters, Bonnie Snyder / Production Still / Photo: Kira Perov

2.
Domenico Ghirlandaio, *La nascita del Battista*, 1485（detail). Cappella Tornabuoni in Santa Maria Novella, Firenze. 壁面にフレスコ（部分）。

3.
Aby Warburg, *Mnemosyne Atlas*, panel 46（Nymph), 1920s（photographed in 1929). 図版コラージュの写真。
以下（モノクロ図版）から転載。Aby Warburg, *Gesammelte Schriften*, 2-1, ed. Martin Warnke *et al.*（Berlin: Akademie Verlag, 2000), p. 85.

4.
Henry Darger, untitled（mid-20th century）(detail). 紙に水彩、鉛筆、カーボン・トレース、コラージュ（部分）。American Folk Art Museum 許諾（以下は指定表記）。
Henry Darger（1892–1973） / Untitled（Vivian girls watching approaching storm in rural landscape） / Chicago / Mid-20th century / Watercolor, pencil, carbon tracing, and collage on pieced paper / 24 × 108 3/4 in. / Collection American Folk Art Museum, New York / Anonymous gift in recognition of Sam Farber, 2004.1.1b / © Kiyoko Lerner / Photo by James Prinz

5.
Henry Darger, untitled（mid-20th century). 紙に鉛筆でカーボン・トレース。American Folk Art Museum 許諾（以下は指定表記）。
Henry Darger（1892–1973） / Fashion tracing / Chicago / Mid-20th century / Carbon tracing with pencil on paper / 11 × 8 1/2 in. / Collection American Folk Art Museum, New York / Gift of Kiyoko Lerner / © Kiyoko Lerner / Photo by Gavin Ashworth

6.
Henri Focillon, *La dialectique*（1937). 版画。
以下（モノクロ図版）から転載。Jacques Bonnet, ed., *Cahiers pour un temps: Henri Focillon*（Paris: Centre Georges Pompidou, 1986), p. 61.

7.
Aby Warburg, "La balançoire éternelle"（1890). インク。
以下から転載。Georges Didi-Huberman, *L'image survivante: Histoire de l'art et temps des fantômes selon Aby Warburg*（Paris: Minuit, 2002), p. 182.

8.
Jordanus Brunus Nolanus［Giordano Bruno］, *De umbris idearum*（1582）. 図版。
以下から転載。*Opera latine conscripta*, 2-1, ed. Vittorio Imbriani（Napoli: Morano, 1886）, p. 154.

9.
Guy Debord, *In girum imus nocte et consumimur igni*（1978）. 映画（モノクロ）。カット（0° 02′ 03″）。

10.
Ingmar Bergman, *Sommaren med Monika*（1952）. 映画（モノクロ）。カット（1°18′ 51″）。

11.
Frederick Glasier, *Portrait of Loie Fuller*（1902）. 写真（モノクロ）。

12.
Daniel Aimé, *Hervé Diasnas*（*Le reflet du silence*）（date unknown）. 写真。Hervé Diasnas 氏提供。

13.
Ruggero Savinio, *L'età dell'oro*（1977）. 蠟引き画布に油彩。作者許諾。

14.
Ruggero Savinio, *Johannes*（1983）. 画布に油彩。作者許諾。

15.
Ruggero Savinio, *Musa*（1984）. ヴェルヴェットに油彩。作者許諾。

16.
Gianni Dessì, *Angelo*（1983）. 画布に木炭、油彩、白墨。
以下から転載。*Gianni Dessì*（Milano & New York: Galleria Salvatore Ala, 1984）, no pagination.

17.
Giuseppe Gallo, untitled（1986）. 材料不明。Sperone Westwater 許諾。

18.
Giosetta Fioroni, *Rosaspina*（1969）. 画布にエナメル。
以下から転載。Claudio Spadoni, ed., *Giosetta Fioroni*（Milano: Mazzotta, 1999）, p. 58.

19.
Titina Maselli, *Calciatori*（1966）. 画布に油彩。Museo d'Arte Contemporanea, Roma（MACRO）所蔵。

20.
Cy Twombly, untitled（1984）. 塗装されたブロンズ、グラファイト。Gagosian Gallery 諸権利保有。

21.
Pierre Klossowski, *Les barres parallèles II*（1976）. 紙に色鉛筆。ADAGP 許諾（以下は指定表記）。

22.
Piero Guccione, *Luce meridiana*（2013）. 画布に油彩。作者許諾。

23.
Piero Guccione, *Dal giudizio di Michelangelo*（1999）. 紙にパステル。作者許諾。

24.
Sonia Alvarez, *Coperta e copriletto*（2009）. 画布に油彩。作者許諾。

25.
Sonia Alvarez, *Lit-ouvert*（1987）. 画布に油彩。作者許諾。

26.
Monica Ferrando, *"Cibo dolce come il miele..."*（2010）. アングル紙にパステル。作者許諾。

27.
Monica Ferrando, *Trittico I, chiuso*（*omaggio ad Arikha*）（2011）. 木板に油彩。作者許諾。

28.
Dieter Kopp, *Ciotola cinese*（2004）. 紙にパステル。作者許諾。

29.
（Pittore napoletano）, *Allegoria della pittura*（1630–1640）. 画布に油彩。